西野すみれ 著

一度きりの人生を笑顔で生きる

―心理学を杖に障碍のある子らと―

もくじ

絵・阿見みどり

I

心理学を杖に
不条理の命を生きる子らとともに……

他人ごとではない事件。もしかしたら私だって――

先日、私の心の恩師児童精神科医・佐々木正美先生が「メルマガ」に、二四歳の若い母親が三歳と一歳のわが子を自宅に放置したまま、何十日も帰宅しなかったという事件に触れておられました。先生は「その女性の生い立ち、親御さん、教師、大人たちの責任はないのでしょうか。そして若い母親が一人で罪を償わなければならないとは、何とも理不尽なことに思えて仕方ありません。幼い子どものたとえようもないほどの不幸も、胸の内を去りませんが、あの母親がどのような生い立ちのなかで育てられてきたかということも、どうしても頭から追いやることができません」と述べておられました。後日知った事ですが、この事件について、街頭インタビューを聞かれた方からのお話で、「周りの助けがなかったら、私も同じ様なことをしていたかもしれません」と話したお母さんがいらっしゃったそうです。実に胸に重い言葉です。

様々な事情があり不幸にして、生れた時から親の愛に恵まれない子どももいます。私もそうでしたが、幼くして、どちらかの親御さんと死別することもありましょう。又、両親の離婚によって、引き裂かれ、父母と暮せなくなる子どもが増加していることも見逃せませんが、その様な例外を除き、ほとんどの親子は、子どもが巣立つ時まで同じ屋根の下で暮してゆきます。

授かった尊い命、その絆の太さや質は千差万別――

待ちに待った我が子が、この世に生を受けた瞬間、ご両親は何にもたとえようもない満ち足りた心震える感動を味わい、これから始まるであろう子育てに向け二人で笑みの絶えない小さな小さな社会のスタートを始められます。一方、生まれもっての身体の障碍、知的障碍、あるいは発達障碍のお子さんと対面されたご両親の心中を推しはかることはできません。それは体験した者にだけしか解りようがないことだからです。また、ごく普通に生まれてきた子どもも、「立てば歩めの親心」のあたりから、次第に「ダメ!!」「早くしなさい!!」と親御さんから連呼されながら、親のコントロール下に置かれるようになってゆく場面も多くみられます。勿論、第一子、二子、三子と親子の関わり方は異なってきますが、そのような中で、子ども、各々の資質に合わせながら、子育てできる親御さんは、そう多くないでしょう。子ども達が成長し、自分の子育てを振り返った頃、気づく事がたくさんあります。その結果「親の期待と子の現実」に、うろたえるのは親のほうです。

育児に悩みを抱き専門家に相談されるお母さんのメンタルはあまり深刻化することはありません。結婚当初から、あるいは子どもが誕生してから徐々に父母が不仲になってゆく、結果、その傍で、一番大きな影響を受けるのは、ほかならぬ愛する我が子であります。また、極端に親から、自分が望むような愛を受け育たなかった子どもや、アダルトマザーチルドレンとなった子どもが親になった時、自分の子どもとうまく向き合うことができません。中でも虐待（DV、ネグレクト等）を受け続けている子どもは、その将来がとても心配です。愛に飢えた子ども達は、初めて家庭外の社会に出た時に問題行動を多々起します。保育園、幼稚園では、先生の目の届かない所で、弱い子いじめをしたり、常に先生の気を引こうと「見て見て行動」をし、大人の反応をみます。

愛に飢えた子どもたち
「ためし行動」は動物的本能

優しそうな先生には、甘えの「ためし行動」を試みたりします。まだ幼い子ども達ですから一層動物的本能で動いているのでしょう。子どもの心が警鐘を鳴らし続けているのです。その様な子どもに対して周りの大人は、他の子ども達より手厚く関わってゆかなければなりませんね。そして常に子どもからのサインを見逃さないことが大切です。さりとて、親御さんを注意したり責めたりでもすれば、その反動はやはりその様な子どもに向かってゆきます。哀しいことでありますが、心の手当はまず親御さんの心のケアから始めなければなりません。親御さんご自身が親から虐待を受けて育った場合も少なくないからです。いわゆる世代間連鎖のあらわれです。自分が育てられてきた様に無意識に我が子にもそうしてしまう。そのような親御さんは、他者に対しなかなか心を開いて語ってはくれません。自分の悲しみ、辛さを、小さな小さな胸にいっぱい隠し、しまい込んでいる我が子の姿にたとえ気づこうとも、見て見ぬふりをしたり、疎ましく思い始めた夫と息子の姿が妙に重なったりして、子どもに辛く当ったりしてしまうのです。夫婦喧嘩をしながらも、しっかり心は繋がっている、我が子の誕生と共にお互いの絆が深まってゆく。元々とても相性が良い親御さん達に育てていただいた子ども達は、一様にすくすく成長してゆきます。大人になって反社会的行動を起こしたり、適度を越えた、薬物、物、人等々に対しての依存症になることは、ほぼありません。昨今、不幸にして、今現在、行く末がおおよそ解かるような育ちの中にいる子ども達が多く見られるようになってきているのが現実であります。誰かが気づき、心の余裕のある人が少しずつ寄り添ってゆけたら、まず目の前の一人から、そのような親御さん、子ども達を癒してゆけたらと願ってやみません。

増加をたどる「心の病気」

人は誰でも少なからず特性はあるものです。近年、〝心の病気・心身症〟は、増加の一途をたどり、ウツ病、パニック障碍、不安神経症、過敏性腸症候群と悩みやストレスから身体的な症状が起き、心のトラブルを抱え、社会生活が難しくなりがちな人達が苦しんでいます。精神疾患による国内の入院患者は約三十三万人（二〇〇八年）いるそうです。発達障碍や心の病気の二次症状として心身症に陥る人もいるそうです。障碍を持っている人、心の病気、心身症の人達はやはり少数派でしょう。ＩＱ検査をグラフであらわすと、平均値の人は七〇％、上位、下位の人達はそれぞれ一五％ずついると言われています。その一五％ずつの人達は異常者と表現されていますが、この異常とは並外れたところにあるさま（広辞苑）と解釈されます。通常とは違っている、それがう～んとかちょっぴりかの差であることは確かです。私に当てはめてみれば、自閉的傾向に限りなく近いと自己判断できます。けれどもそれが異常かと考えてみれば、こだわりが極めて強い時は、自分を客観視できませんが、日常の暮し振りでさほど困るほどのパニックも起りませんので普通範囲内の特性であろうかと思います。

不思議ちゃんの新入社員

先般、今年も新入社員を迎え、町角で、上司や先輩にインタビューをしているところをテレビのニュースで流していました。〝新成人〟という言葉とともに、数々の驚いた新入社員の言語が次々に語られていました。「タメ口や超〇〇」等です。又、新入社員に上司、先輩の印象を聞き、マイクを向けていました。それらのやりとりについては私にとっても、時代の流れを感じずにはいられないような内容ばかりでした。インタビューに答えてくれた「新入社員」にとってみれば、自分の親と同じ位の年齢の上司の人達です。その人達から、不思議ちゃんと思われる位、理解をしてもらえない新入社員、はたして、家庭内の関係は如何に？　かと思ってしまいました。入社して三年以内に辞める新入社員も多く、その理由の一つとして上司から〝叱られた〟からというものも多く、後日その親御さんから、自分の子どもを叱ったというお叱りの電話があったりするそうです。上司も新入社員もその親御さん達もみんな〝親の背中〟を見て育ってきました。まず他人に何か言う前に、己に目を向けることも大切です。

「幸せ」の尺度

先般、社会学者、宮台真司先生が、「みんな行政に安全・安心・便利・快適を求めすぎます」そして「日本の幸福度は最低です」とおっしゃっていました。数年前、旅先で、「幸せとは有りがたいと思う心から生まれる」と説法が中仙道の川辺りに掲示してあるのが目に止まりました。その通りだと心から思います。有りがたいと思えない人、それは、世間体を気に掛けるあまり、他者への妬みが生じ、プライドまでマイナスの方向にはたらいてしまいます。今迄の自分はつくづく恵まれていたなと思います。困難が起っても必ず救いの手はありましたし、今では次から次にやってくる困難も運命だと捉えれば苦しまなくてすむようになりました。

私の子育て観

今まで私は、幼稚園、小学校時代を封印してきました。辛い想い出の方が多かったからです。けれど、養護学校というハンディキャップを持つ子ども達との出逢いにより、この頃から遅咲きながら私も少しずつ成長してゆきました。人生も半ばを過ぎたと言うのにようやくです。あまりにも知らないことばかりでの、教師生活のスタートでしたから、心の余裕など全くありませんでした。自分のことでいっぱいいっぱいで、我が子のことがおろそかになりました。それを、補うつもりで発したことだったのかも知れませんが、毎朝、子どもたちにメモ程度でしたが、手紙を書いて食卓に置き出勤しました。今になって考えれば、子ども達に目がゆき届かなかった事は、子ども側からみれば大変ラッキーなことだったことでしょう。上の子どもが高校生になった時、こんな事を言ったことがあります。「家の親は勉強しろといつもうるさく言わなくて助かった」と。世間の母親の子どもへの関心度は、どうやら「勉強が出来ること」のようです。因みに私は勉強嫌いで成績も好ましくありませんでした。有りがたいことに母親は諦めたのか理解してくれていたのか成績について評価されたことはありません。それが、そのまま自分の子育てにもあらわれたようです。子どもが〝好きな事〟を見つけたら、それを援助してゆきたいと思いました。これは、想い出すと悔しいですが、〝自分の好きな進路〟を母親に阻まれ却下されましたから、自分の子どもは応援をしたかったのです。自分が好きな進路にゆけ、それが仕事で身を結び生活が営めるようになる人は、本当に僅かだと思います。しかし、たとえ不本意な仕事の稼ぎであっても、それが自分にふさわしい現実ととらえ、今与えられている場で自分を信じ努力することが大切です。そして、〝自分の好きなこと〟は、決して諦めず、どのような形であっても続けてゆけば、それなりに嬉しい結果に繋がります。

「心理学」に支えられて

何をやっても、直ぐに飽きてやめてしまう私でしたが、〝心理学〟だけは特別でした。つい二ヶ月前に退職しましたのに、又、次なる〝夢〟が目の前に現れました。その夢が叶うかどうかは、わかりませんが、ワクワク、ドキドキしています。自分に足りないもの、失ってゆくもので不安でいっぱいだった過去の自分がまるで他人事のようです。障碍を持って生まれてきた子ども達と出逢って、自分の子育てで一番強く思ったことは、「どのような逆境にあっても生きてゆく力が持てること」にだけ、焦点が当りました。ですから、子どもが中学生になったとき、私は長男に「勉強は出来ないより、出来た方がいいと思えば自分の努力次第だし、塾に行きたくなければ行かなくていい」と言いました。又、下の娘が高校二年生で、そろそろ進路を決める時期に、娘は「お母さん、世間体を気にする？」と突然言い、私は「気にしないよ」と答えると、娘は「じゃあ、大学に行かなくてもいい？」と言いました。私は「行きたくないのに、無理に行って無駄なお金は払いたくない」と返しました。この時お金のことを口にしたのは、今から考えれば、実に愚かでした。娘は幼い頃、我が家が借金苦だったことを、しっかり覚えていることを承知していながら言ったのですから。やがて、デリケートな気質の娘は、大人になりとても倹約家な一面を見せつつも、私と違い、〝生きたお金の遣い方〟を身に付けました。我が娘ながら〝あっぱれ〟です。

世界の中の日本。「幸せ」の尺度

世界人口、七〇億。うち五人にひとりは、中国人。日本の出生率はワーストの現状です。私は、現在の土地に越して来て四〇年以上が経ちますが、他国籍の方達が居住されるようになりました。この先もおそらく増え続けることでしょう。国際結婚をされ、ことばや習慣の異なる国での子育ては、ご苦労が多いだろうなと思っていましたが、他国のお母さん達は、処世術に長《た》けていらっしゃり、こちらが見習うことも多くあります。国民性の違いをお互いに押しつぶさず、夫婦生活の営みの基本が〝お互いがお互いを思いやる〟ことであれば、子どもは大らかな人柄でインターナショナルに育ってゆくことでしょう。現在の日本はどうでしょう。自殺の連鎖、心の病を細かく列記すれば、その数は膨大となり、今後の社会不安を思わずにはいられません。アメリカだったと思いますが、〝ホームレス〟の人々の調査を長年に渡り研究された人の話によりますと、多くの共通した言葉の中に〝生れた時（物心がついた頃）から、自分の心にホームが無かった〟と言ったそうです。〝心にホーム〟が無い、それは温かい親の愛に恵まれて育たなかったといえます。子どもにとって家庭の問題は非常に大きいです。

劣等感コンプレックス

今の日本の親御さんの多くは、子どもへの過干渉、詰込みの傾向がみられます。子どもの得手、不得手な事柄など無視し、すべてにわたって人並以上の成果を求めるようになり、それにより子どもは不得手なものに、より強いコンプレックスを持つようになります。人々の悩みの多くのケースには、コンプレックスが関係しています。物事がうまくいかなかったり、不安定になった時を言います。コンプレックスは誰でも持っています。コンプレックスは気持ちとか考えとかいうものが複雑にからみ合っていて、それがうまく整理できないでいる、そういう感情のからみ合った固まりのことを言います。心理学者アドラーが〝劣等感コンプレックス〟と言ったのはわかりやすいです。劣等感の無い人などおそらくいませんでしょう。さりとて生きてゆく上で、大きな悩みの種になるようなコンプレックスを子どもに植えつけない育て方はとても難しいです。それぞれの子どもの資質をみきわめながら、能力の高いものを伸ばす手伝いをしてゆくと良いのですがそれが出来にくくなったのには、溢れるほどの情報社会になった故でしょう。親御さんの知識ばかりが先行して、その多岐にわたる知識に子ども達はのみ込まれ、振り回されてしまっています。勉強が苦手であるのに両親共が教育熱心である場合など、子どもにとって救いはありませんね。

楽しかったおばあちゃんのお手伝い

私の子どもの頃のコンプレックスは、色黒・男の子のような体つき、勉強が苦手なことでした。身体的なものは、大人になってからの方がより強くなりましたが、勉強は苦手というより嫌いでしたので、落ち込みもしませんでした。それでは得意な事はあったのかと聞かれたら、迷わず「おばあちゃんのお手伝い」と言えます。私の場合はおばあちゃんの手伝いを誰に言われるでもなく、気がつけば自ら自然に毎日行っていました。いわゆる家事手伝いが主でしたが、中でも花を育てることを趣味としていたおばあちゃんが、一瞬の間に散ってゆく花々の為に一年をかけて堆肥作りをしていた姿が忘れられません。着物の仕立て直し、毛糸の再生、布団打ち直し、家庭菜園、新茶作り等々を家事の合い間に行っていました。子ども心にいつも「おばあちゃんは、いつ寝ているんだろう…？」と思うほど家族の為に働いてくれました。

幼児期の体験

そんなおばあちゃんも、しっかりと息抜きだけはしていました。映画にお神楽、花火、菊花展、私の為？　のおばけ屋敷と定期的に私を連れ出掛けました。夜のお出掛けは花火見物だけでした。帰りには必ず眠くなる目をショボショボさせるのに、ワクワクして出掛けたものでした。このような幼児期の体験は大人になってもごくごく自然に続けています。花を育てること、舞台、映画鑑賞は好んで行っています。今は老眼の為やめましたが、針仕事も大好きでした。好きなことがひとつでも二つでもあるのは、幸せなことですね。

好きなことには集中できます。楽しいことをやっている時は、時間の経つのが早く感じられます。辛いことや悲しいことが起った時の支えにもなりました。おばあちゃんに感謝です!!

人生の節目に見つけた幸せ

今、私は前期高齢者になりました。若い時ほどワクワクドキドキすることも少なくなりました。けれど、とても幸せなことに、私の周りには素敵な先輩のご婦人たちが何名かいらっしゃいます。そのご婦人たちはもちろん私より皆年上でいらっしゃいます。でも、皆さん、キラキラ輝いてみえるのです。皆さんの共通点は言っても仕方のない愚痴を言わないことです。もちろん他人の悪口も言いません。ご家族の方に対しては言っているかもしれませんが、少なくとも私と会っている時は、私が〝楽しい、幸せ〟と思えるような言葉をたくさんなげかけて下さいます。そう、又お逢いしたくなるような先輩たちです。今まで人生の節目節目で、出逢う人、離れていく人の繰り返しでしたが、私にはその都度、素晴らしい人生の師匠があらわれ指針になって下さいました。また幼少期や職場でイジメにあっても、辛さを乗り越えられたのは、心底人を憎む心が私にはなかったからだと思います。「殺したいほど憎んでいる」とか、すでに物故者になってる人を「大嫌いだった」とか何度も言う人がいます。なんて気の毒なこと、その人にとらわれてしまって、死しても強い否定をしてしまうのですね。

「うれしい、たのしい、しあわせ、愛してる、大好き、ありがとう」言った数だけかえってくるよ

今日の朝刊に、飲酒運転の半数はアルコール依存症であるとの調査報告が載っていました。車が凶器になる認識は、お酒を前にすると、とんでしまうのでしょう。弱い心です。日本はバブル崩壊後、雇用形態は劣悪となり、自分の思うような仕事に就けず、引き込もってしまう若者が昼夜逆転でゲームにはまってしまう。どちらを向いても八方ふさがりで、何かしらに依存してしまう大人達、そんな大人達をみながら夢も希望も持てなくなった子ども達の前に昨年〝東日本大震災〟が起りました。当時、被災者の中に引きこもりの青年がいて、給水車から水を運び親が喜んでくれたことをきっかけに立ち直ったという嬉

しい話があるかと思えば、被災地へボランティアに行く人達のことを偽善者と言ったり、臭いところには行かないと言う若者もいました。私の尊敬する恩師が常々、「これからの日本はもっとたくさんの依存症の人たちが増えてゆく」と、憂い警鐘を鳴らしていらっしゃいます。

私の大好きな小林正観先生のお言葉。困難を乗り越えられてきた先生からのメッセージです。

投げかけたものが返る、投げかけなければ返らない。「うれしい、たのしい、しあわせ、愛している、大好き、ありがとう、ついている」の祝福神の言葉、またその言葉を言いたくなるような現象が言った数だけ降ってくる。

「支える、与える、許す、譲る、気遣う」

生活感情を豊かに表現した小林一茶、与謝野寛夫妻、石川啄木、宮沢賢治、相田みつをらの作品は、日本人のウェットな情にもろい国民性の心を揺さぶる作品だからこそ、時を経てもなお多くのファンに支持されているのだと思います。「俳句、童話、歌、詩」短い文の中に、その人がその運命を受け入れての、社会へのメッセージでもあると思います。身近な人を大切に思い、自分自身の人生に正面から向き合っている、実際に体験された日常であるから人々の心を今も尚引きつけてやまないのです。豊かになり我々は、失っていたもの欠けていったものが、数多くあります。他者を支える、与える、許す、譲る、気遣う。人のために行動する。

近年受ける相談内容の傾向として、自己主張、自己顕示、自己誇示、平たく言えば「おごり、たかぶり」そして一番やっかいな「そねみ」の心が大きく、「私が私が」と常に自分が優位に立ちたがります。ほんの些細な他者の言動に腹を立て怒ったり、根深い恨みを持ちイジメに走ったりします。又、権力のある人には卑屈な態度を取り、他の人に対しては、高圧的か文句しか言わない…まあざっとこの様なタイプの人達が多い職場で働いていて、前向きになれないといいます。確かに、ボスにゴマをするのが上手な人は、仕事らしい仕事をしていなくても、上のポストへ登りつめるようです。実力の伴わない上司になっても、その様な人は部下からの人望などはおよそ期待できるものではありません。さて、威張りたい人とは、そうです、えらそうにすることが強さの表現と思ってもいるわけです。では、家庭ではどうでしょう。

私が育った時代の人間関係

私が育った時代背景はといえば、一般的に父親はいい意味で威張っていて、母親と子どもは暗黙の了解で、父親に従っていました。しかし深い部分で家庭を牛耳っていたのは母親の方でした。父親はそのことに気づかず、勘違いしたまま、気分よく威張っていられたのです。私たちの子どもの頃は親に文句など言えませんでした。親が嫌であれば、早くに独立し、家を出ましたし、嫌であっても決して親が年老いても粗末にすることはありませんでした。私の両親もそうでしたが、以前はお見合結婚がほとんどでしたから、仲人さんは釣合いのとれた相手を紹介しました。育った環境が似通っている相手であれば、不安や緊張も少なかったことでしょう。それに比べて、現在は恋愛結婚が主流になりました。かたちを変えた「合コン」と言った集団お見合も浸透しています。そして、自分が結婚したいと決めた相手を親が認めてくれなくても、自分の意志を押しすすめます。親は、双方が〝不釣合〟と感じる場合に反対をします。お互いの生活様式が異なれば、子どもが苦労をするからという親心があるわけです。極端ではありますが〝親の言うことを聞いていれば間違いない〟という時代もありました。その頃の親は今よりはずっと的確に、我が子の本質を見抜いていたと思います。離婚率が近年大変多くなったのは単にわがままだけではなくそういう不釣合が端を発しているような気がしてなりません。恋愛結婚のお相手は、〝自分と対極の相手〟を選ぶことが多いそうです。要するに、自分の持っていないものを相手が持っている、それが恋愛中は、ドキドキキラキラまぶしくとても魅力的に見えるからだそうです。神経質な人は大らかな人、一人っ子の人は、きょうだいの多い人、短気な人は気長な人といった具合にです。

サラリーマンの現状

やがて二人は結婚し、一緒に暮らすようになると徐々にお互いの持っている本来の性格、性質がはっきりと見えてきます。加えて子どもが生まれ双方が親となり、子育てが始まると、なお、それは一層明らかに見て、感じるようになってきます。誕生時は、我が子の全てが愛しく（これは、恋愛中の双方と同じ）、未来は光り輝いています。しかし、夫婦の前途には困難も待ち受けています。子育てのしつけや教育方針で双方の価値観にズレが生じた時、お互いの考えを冷静に伝え話し合えれば良いのですが、片方が一方的に自分の価値観を相手に押しつければ、揉め事が起ります。父親と母親の役目が自然にまとまっていれば、子どもは穏やかに安心し両親に委ねます。子供を生むと女性は強くなると言います。言い方を変えれば〝我が子を守る為に〟強くならざるをえないとも言います。ただし父親の存在を尊重した上で、強くなってほしいものです。正規雇用減少により、日本の父親たちは、〝猛烈な働きバチ〟と化しました。残業時間が二〇〇時間の人もいると聞いた欧米の父親たちは一様に驚いています。ちょうど子育てが楽しくてたまらないであろう時期の父親たちの職場での立場は、上司、先輩、後輩の狭間にあり、どうしても家庭より会社に重きを置いているのが今のサラリーマンの現状です。母親は、近くに頼れる人もいない環境の中で、不安をいっぱい抱え手さぐりで子育てをしている人もいるようになりました。近隣に、幼い子どもを育てている親御さんがいたり、言葉かけをしてくれるお節介なおばさん達がいればいいのですが、周囲と繋がりを持ちたくないと孤立した子育てをしている親御さんもいて、すでにそれは特別なことではなくなりました。

両親が育む子どもの心　子どもは親のうつし鏡

感じ方、考え方の違う両親がいればこそ、子どもは中庸な子育ての中で、自分のプライドを大切にしながら生きてゆけるようになります。自分を大切にできれば、他人も大切にできます。そんなに上手な子育てなんか幻想に過ぎないなんて言われる人もいるでしょう。決して難しいことでも辛く苦しく我慢することでもありません。人の性格は、よほど自覚し、強固な意志を持たなければ、直せません。欠点も視点を変えれば長所にもなります。しかし、恋愛中は、アバタもエクボのごとく、欠点が魅力の一つでもあったのに、結婚生活でお互いに慣れてくると、アバタはやはりアバタに見えてくるようです。このアバタは、二人目の子どもが生まれてきたころより、鮮明に見えてきます。どちらかの親に、どちらかの子どもが、似ている、それは、目鼻立ちや爪の形である外見的なものであるのと、穏やか、明るい、おっとり、せっかち、やんちゃといったような内面的なものなどです。そうです。「子どもは親のうつし鏡」なのです。自分の恥ずかしい部分も子どもを通してあらわに見えてきます。ですから、子どもの欠点は、どうぞ針でつつかないで下さい。親御さんのあなた方も直せないのですから。さりとて、欠点丸がかえでなんて難しいとおっしゃるでしょう。時として、夫婦が衝突をするのは、良い関係へ深まる起爆剤くらいに軽く考えていた方が、事が大きくならずに済みますし、かつては、妻の方が器が大きく、無茶を言う夫を上手に受容していました。しかし近年では、とても我がままに育てられたのか、それとも我がままを受け入れてもらえず、親が恐いので〝いい子〟を演じながら大人になったのか、どちらにしても、受容し許容することが苦手になりました。先日、新聞に〝引きさかれる子どもたち〟という記事が載っていました。

離婚の悲劇

離婚し、両親が子どもの親権をめぐり、話し合いがこじれた場合に起る様々な悲劇です。もうこの両親には〝我が子の悲劇の姿〟など見えていません。己の言動にさえ目が向けられないのですから、とても哀れな親御さん達です。端から見れば、実にもったいない人生の展望です。人生なんて所詮自分の思い通りになんてならない事の方が圧倒的に多いものです。ひと言、きつい言葉で言わせていただければ、「別れたい程憎い相手の遺伝子が半分入っているお子どもさんですよ、そのお子さんに無条件の愛を注げますか?」とお聞きしたいです。きっとですね、ご自分達の愛が成就、継続しなかったから、子どもから愛をもらおうなんて、浅はかに考えないでいただきたいです。

離婚の勇気

しかし、中には両親が別れた方が子どもが幸せになれる場合もあります。近年、妻へのDV、幼児・児童虐待等、親子の歪められた関係が大きく取り上げられるようになっております。子どもへの虐待の九〇%以上が、実父母であり、全面的に親の問題であります。夫から妻へのDV、児童虐待は、子どもに著しい心理的外傷を与えます。虐待は子どもが三歳くらいからが多くなり、父親が無職の場合も少なくありません。〝貧困は悪に走る最たるもの〟と言われていますが、父親自身が追い詰められているわけですから、まずは環境を整える支援を要します。母親や家族の者が相談機関に赴く勇気があれば、解決への第一歩となります。しかし、家族の者も日々追い詰められているので、現実はそううまくゆかないようです。

親自身の心身の安全

又、近年、うつ病の増加で母親が疾患にかかりネグレクトになったり、若い母親が一人で子育てしている場合その子ども達に大きな影響を及ぼしています。いずれにしても、親自身が自己コントロールすることが難しくなっている上での行動が家族関係の問題へと陥っていくのです。虐待を受けている子どもへのケアは「心身の安全」を守ることです。マズローの欲求五階層説の中に「安全」が二番目に取りあげられています。一番目は「生理的欲求」食べること、寝ることなどです。そして二番目の「安全」とは、平穏無事ということですから、親から虐待を受けている子どもは、非常に劣悪な環境下に身を置かれています。当然、子どもは自尊感情を失ってゆき、人への信頼感も壊れていきます。その結果、虐待を受けた子どもたちは、その相手に激しい怒りや攻撃性、あるいは見捨てられ感情を持つようになってゆきます。子どもの盾となり守ってゆかなければなりません。

ある母子の事例ですが、父親はアルコール依存症で、酒に酔うと母親に暴力をふるいます。母親は自立した職業に就き、経済的に安定していることをいい事に、父親は働いていません。日がな妻の稼ぎで飲んだくれているのです。子ども達三人は、物心付く頃より、自分達の大好きなお母さんが、お父さんから暴力を受けているのを目の当たりにしながら育ちました。経済的に自立しているお母さんは、何故夫と別れないのか？　周囲の人達にも理解できなかったそうです。只、言えることは、そのお母さんは真面目で優しい性格で、夫を見捨てられなかったのかと推察していたそうです。しかし、幸せなことに、お母さんに大きな転機がおとずれました。三人きょうだいの一番上の女の子が、小学校の高学年になった頃の事です。女の子は、お母さんにこう言ったそうです。「お母さん、お願いだからお父さんと離婚して、私何でもお母さんの為に協力するから、お願い!!」と、懇願したそうです。女の子のこの言葉にお母さんは、大きな決断をされたことは言うまでもありません。その後、お母さんはみるみる明るく元気になり、心配をしていた周りの人達もほっと胸をなでおろしたそうです。お子さん達に危機を救われ、今は幸せな母子家庭を営んでいらっしゃいます。三人のお子達が受けた心理的外傷が癒えてゆくといいですね。

世代間連鎖

現在、幸せになられたお母さんと、お子さん達に追い討ちをかけるようですが、子どもの中には、他のきょうだいより、普通以上の感受性を持ち合わせていたが為に、大人になって災難や困難な出来事に遭った時、それがあらわになることがあります。父親から母親への暴力におびえながら育った幼少期に、フタをしたり思い出したくない事は考えないと、心の奥底に閉じ込めても、何かをキッカケにそれらの事が突然フラッシュバックしてくるのです。三人の中の一人、感受性の強い男の子が大人になり結婚し、やがて子どもの父親になり、幼い子どものいる中、リストラされました。新卒者でさえ、正規就労が厳しい中、次の職場を探すにも苦労します。ようやく掴んだ温かい家庭にかげりが見えはじめ、父親はうさを晴らすように、お酒に手を伸ばし、徐々にその量が増えてゆき、やがて職探しもやめてしまいます。遺伝子がそうさせるのでありましょうか。お酒におぼれ、ある日おびえながら暮していた自分の幼児期がフラッシュバックしてきます。「子どもの頃を封印し、ぼくは変った」と自信を持って生きてきた心は大きく大きく揺れ始めます。と同時に、自分の父親に対する激しい怒りが蘇ってきます。連綿と絶えない世代間連鎖です。悲しいことですが、この様なことも、これに類じたことも現実に起っており、事が表面化せず、水面下で、みなさんが思っている以上に多く発生し、苦しんでいることも事実です。心が荒み、妻や子どもを蔑視した夫は、平常心を失って、深みにはまっていきます。そのような時の夫は、他者の助言も温かい言葉かけも耳に届くことはありません。母親は世間体より〝ご自分や子どもを守る〟勇気を持ってまずは、その相手と距離をあけることです。耐え続けることではありません。ほんの少しの勇気とこれからの行くてに希望の光をみながら、お子さん達と一緒に新しい生活をつくっていって欲しいです。

子育ての基盤は、子どもに対して「肌をはなさない、目をはなさない、手をはなさない、心をはなさない」

誰だって、みんなみんな幸せな人生を送りたいはずです。こんなはずではなかったと悔んで終えんを迎えるか、まあまあ楽しかったとみんなに感謝しながら終えるか、どちらにしても、幼児期までの養育歴が大人になっても見えかくれしながら、一生ついてくるようです。

恩師奥村晋先生から子育ての基盤として、子どもに対して「肌をはなさない、目をはなさない、手をはなさない、心をはなさない」と教えていただきました。少年少女が罪を犯した時、彼等が口にする言葉のほとんどが「親は、子どものプライドより、自分のプライドの方を優先した」というそうです。「親は自分のプライドを捨てても子どものプライドを守る」そうして育てられた子どもは、人への信頼と自信を持って生きてゆけます。暴走族は、誰もいない静かな場所では騒ぎません。爆音をまき散らしながら迷惑行為を繰り返します。自分をきちんと見て欲しい、寂しい者同志の集団です。ネオンの消えない夜の街角で、今夜の食事と宿を提供してくれる相手を探している少女、その期待に答える既に家庭が崩壊している中高年男性、本来なら一番のやすらぎである家庭に帰りたくない者同志ですから、これらも又、寂しい者同志といえます。先進国で、エイズが増え続けているのは日本だけだと言われています。自分の身を滅ぼすような行為にも寂しさだけは打ち勝てないのでしょう。子どもは、粗末に扱われ育てられれば自分も粗末にするのです。昔の人は、「あの人は育ちがいいから、あの人は育ち（心の育ちのことです）が悪いから」といった表現をしました。おっしゃる通り、私の知る限りでは「育ちのいい人」は本当に心が素直で、「育ちの悪い人」の心は卑屈です。すさんだ世の中になればなる程、それは明らかにあらわれます。ここまで書き進めてくると、なんだか絶望的な気持ちになってきます。

大切な人間関係は家庭から

世界の中の一番小さな、それでいて、一番大切な社会は家庭です。親の子育ても多様化してきました。その結果として、親子、隣人、友人、夫婦、きょうだい等々、すべての人間関係も深刻な様相を呈するようになりました。不確かな人間関係が連動するが如く、個人は「自由」を選び、人との関わりをさけるようになりました。それに付随し、人々の活動が地球の気候を変えつつあります。かつての日本ではみられなかったような豪雨や竜巻も起こるようになり、それら災害によって尊い命が一瞬のうちに奪われています。幼かろうが若かろうが容赦しないのが災害です。

東日本大震災ボランティア活動に参加して

私はこの先、長生きすることより、今を大切にしたいと思えるようになりました。今、ラジオから東日本大震災の〝復興ソング〟が流れています。中村雅俊さん、西田敏行さん、生島ヒロシさんら、いずれもその出身地の人達が歌っていらっしゃいます。私は四月末、主人の仕事つながりで、初めて啄木が訪れ「一握の砂」を生んだ陸前高田市に家族全員で行ってきました。参加したグループは八〇名ほどで、「陸前高田を勝手に応援する会」といい、今回が四度目のボランティア活動で、二〇歳から八〇代までの老若男女の集団でした。若い看護師さん、教師、建築士、主婦、営業マンと職業も様々でした。被災地でのボランティア内容の要望はそれぞれ違っていて、陸前高田では主に側溝清掃作業でした。当日我々はまず、市のボランティアセンターに立ち寄り、シャベルや一輪車など必要道具を受け取り、ある市立の中学校へ向いました。娘は、肉体労働がいいと言っていましたので、打って付けでしたが、腰痛持ちの私は、ひたすら、割れたガラスの破片拾いしか出来ず申しわけなかったです。その日の宿は南三陸でしたので、海岸線にそってバスで南下しました。そこで見たものは言葉にならない惨状の連続でした。

四つ葉のクローバー

ボランティア活動に参加する人は、他者の痛みを思い誰かの為に役立ちたいと純粋に願う人達と再確認しました。被災地で四つ葉のクローバーを見つけた時、それは希望の光のように見えました。前後しますが、この体験の丁度一週間前に、カンボジアを旅してきました。前月の三月をもって私は仕事を辞めたので、私をねぎらう為に娘が連れていってくれました。まったくもって急な話で、驚きましたが、昨年、私がかねてより行ってみたかったベトナムに行くことが出来たものの、熱い国にこの年寄りが長期には居られず、アンコールワット観光はあきらめていたのです。私にとっての旅とは、その国や土地の建造物や動植物を観る楽しみも大きいですが、それより「訪れた先の現地の人と必ず接点」を持ちたいと思う心です。私は語学を大の苦手としておりましたので(国語もですが)、必須科目であった英語すら満足につかえません。でも、度胸があるとかの以前に、その国の人と触れ合いたい気持が先行しますので、言葉など上手に通じなくても、手振り身振り、片言の英単語を交えながら、私の相手をして下さる方を直感で見付けます。そのお相手と、自分の意思が通じた時は、旅が何倍も楽しくなります。実に単純そのものです。たとえば、こんなことがありました。韓国の宿泊したホテルで、翌朝行ってみたい工芸の街がありましたので、ホテルマンに電車での行き方をたずねましたら、初めての人には少し難しいから、行きはタクシーで帰りに電車に乗るといいですよと言われ、その通りにしました。無事に目的を果し、帰りの地下鉄の駅でソウル迄帰るには乗りかえが必要で、その接続駅での通路がわかりにくくホテルマンの言葉が納得できました。それでも運よく、親切な二人の女子中学生と出逢い短い時間でしたが、素敵なエピソードが生まれました。タイでは、連泊したホテルの前の屋台で、果物を買ったのをきっかけに店主のお姉さんと親しくなり、知りたいタイ語をいくつか教えてもらったりしました。また、水上マーケットでは、お店の営業をしている一〇歳くらいの男の子と値段の交渉をし、日本の百円をチップとして差し出しましたら、店の奥でお母さんらしき女性が笑っていました。帰り道にお店の前を再び通りましたら、後ろからその男の子が追ってきて、私に「揚げバナナとゾウ柄の小銭入れ」をプレゼントしてくれました。プレゼントをもらったことより、大勢の観光客の行きかう人波の中で、私を見付けてくれたことへの喜びは、旅の極意であり、もう随分前の出来事ですのに、楽しかったことは、昨日のようによみがえってくるのです。言葉が話せなくても必要なことは何とか通じるものです。私のかつての教え子の青年が母親と海外に行った時、母親より、青年の方が現地の人とうまく交流していたとの逸話もあります。私自身、言語の無い生徒と意志の疎通を体得していたのも大きな自信に繋がっていたと思います。（きっと大丈夫、仲良くなれる）

カンボジアの旅は、ベンツ（たくさん走っていました）の運転手さんと三〇歳位の男性ガイドさんと、私達親子の四人での観光でした。団体と違って専属ツアーの良い点は、色々な面で融通が利くことです。他のお客さんに気遣うことなくガイドさんを独り占めできます。私のカンボジアの知識は「難民と地雷、アンコールワット」位しかありませんでした。ガイドさんは目的地に行く間、車の中で毎日たくさんの話をしてくれました。その中で、カンボジアの男子の平均寿命は五六歳、女性は六〇歳、国民の平均月収、リタイア後の生活、親子の有り様《よう》、日本人が提供した井戸、小学生、農業など本当にたくさんの生活情報を聞かせていただきました。中でも印象に残っている事は、小学生の生活でした。授業は午前中と午後に分け、半月ごとに入れ替え行います。午前中で授業を終えた子どもは、午後から、牛の世話をしたり観光地で土産を売ったりします。この国の平均年齢は二七歳、戦争の影響が反映しています。どこに行ってもたくさんの子ども達がいます。この子ども達の「〝瞳〟がいい!!」いつの間にか、私達が忘れてしまったハングリーだった私達、幼かったあの頃の〝目の輝き〟がそこにはありました。見つめられるとドキドキしてしまいます。この時ばかりは日頃の憂さも忘れています。そして又、車に乗って次の遺跡に移動します。少し奥地に入れば高床式のワンルームのお家が点在しています。極寒の地に砂漠にも赤道直下にも、高所山脈にも、水上にも、地球上のありとあらゆる環境下で人々は暮していています。旅は、人類の不思議も知ります。自分が与えられた環境で人々は〝命のバトン〟をしてゆきます。現地ガイドさん自身の命のバトンもご自分から話して下さいました。夢と希望でしょうか。自分は四〇歳でリタイアし、田舎に木のお家を建て、畑を耕し、子どもに養ってもらう。ベンツの運転手さんのご結婚が間近で、自分も結婚をしたい。お相手は、物静かだった今は亡きご自分のお母さんのような人がいいと言っていらっしゃいました。ご本人も穏やかな人柄ですから、きっと素敵なお嫁さんにめぐり逢えることでしょう。四〇歳でリタイアですか、男性の平均寿命は五六歳の国ですから自然なことなのでしょうね。

かつて日本も「生めや増やせや」という時代もありましたが、近年出生率は低下しています。私は現在の場所に四〇年以上住んでいますが、本当に幼子を見かけることが、すっかり少なくなりました。戦前生まれの私は、結婚をすれば、子どもを生むことは一般的なことで、何の疑問も持ちませんでした。しかし「今の若い人は我がまま、結婚しない、子どもを生まないで、自由きままに暮している」との世論も聞こえてきます。世相は変わってゆくもの、独身者を正面からだけではなく、側面からみれば、彼らの内面心理に共感できることも少なくありません。毎年の調査で日本の現役高校生の性の体験はすでに半数ほどになっています。親子の関係が良好でなく育てば早くに異性を求めます。俗に言う〝出来ちゃった婚〟の中には一〇代の女性もいます。「親子、特に母娘関係が良好でない」では、何が良好でないのと聞かれても早熟な女の子になるだけの理由があると思われます。母娘の関わり方、間柄がそれぞれに異なりますし、一般的に子どもの世話を母親がするのは自然の姿ですがいきすぎた世話は要注意なのです。それは子どもをコントロールしたい、世話をしていると自分が安心する、子どもを高評価された気になる、など子どもの気持ちより、母親の気持ちを優先させていることです。それは世話型依存です。

思春期の心は服装でわかる

男女共ですが、思春期の始め頃からの彼らの服装をみていれば、その心の中が見えてきます。髪を染めたり、マニキュアを塗ったり、制服に手を加え、校則違反をする。飲酒に喫煙、薬物に手を染め、それらは次第にエスカレートしてゆきます。援助交際、家出、犯罪へと悪しき階段を登ってゆきます。「うちの子どもに限ってそんな風にはならないわ」と思っていらっしゃるお親御さん達「いつ、どんなことが起るかわからない」と少しは考えておかれた方が良いです。高校生（県立）の半数近くは、「性の体験」をしていることを、多くの親御さん達は、ご存じないのですから。稀ですが学生の身で妊娠が発覚した時、再び親御さんのプライドが試されることもあります。それこそ、男女問わず起りうることです。

ＳＯＳの発信

おしゃれに人一倍興味のある子どもが際立つ服装をし、ファッションリーダーになり、皆の憧れの的になることは別として、誰が見ても服装がみだれてきたと感じたなら、その子どもの心はＳＯＳを発信しているのだと思うことです。人の目を引き付けたい願望の発信源は、親御さんです。「お父さん、お母さんに自分のことをきちんと、もっと解って欲しい。自分のことを見守っていて欲しい」という気持ちのあらわれです。子どもは、突然騒ぎを起しません。欲求不満のうっ積を未熟な彼らは、最初に外見の形から訴えているのです。我が子の変ぼうを親御さんが一方的に怒れば、子どもは一層心を閉ざすかも知れません。そして、それでも尚、希望の光が見えなければ、劣悪な方向へ陥ちてゆくしかありません。

心が通う両親

ここで大事なことは「両親のお互いの心が通じ合っているかどうか、自分達のことはもとより、子どもを心から大切に思っているか」ということです。しょっちゅう喧嘩が絶えないご夫婦でも、ケンカが終わった後はケロッとして、何事もなかったように振るまえる人達もいます。夫が独裁的で妻はビクビクしながら従っている場合もあります。妻がいつもがみがみ文句を言っている家庭は、多いですが、これも程度問題です。中でも、子どもたちが辛く悲しいのは、両親のどちらかか両方かが、相手に対し無関心であることです。争いごとは人を狂わせることもありますが、無関心ほど、人への失望、落胆は大きいのです。両親が子どもの良きモデリングになれるといいですね。そうすれば、子どもは大人になり、この人と一緒に暮したい、子どもを授かりたいと思える相手をお互い見つけることもできるでしょう。我が子を授かった時の感動を今一度呼び覚ます為にも聖路加国際病院名誉院長の日野原重明先生の著書〝いのちのバトン〟という本が出版されています。お父さん、お母さんへのメッセージも載っています。是非読んでみていただきたい有益な絵本です。

隣人関係のトラブル

八〇年前後から日本の親の姿が大きく変わり始め「訴訟」も多く起っています。自分達の責任より、先ず公共団体・業者・隣人を矢面にします。いずれにしても賠償を求めるわけです。何か事が起こり、とっさに取る行動こそが、その人の本性をあらわすといいます。若い時は、思慮深く振舞えず、振り返れば苦く恥しい思いをしたと思えることは、私もたくさんあります。私には、次々と困難がやってくるのは宿命のようで、今まで本当にこれでもかこれでもかとやってきました。長男が幼稚園に通っている時、園で大火傷をおいました。一〇〇％担任の不注意で起こりました。当然のごとく園側は表沙汰にしたくないので、金銭で事をおさめようと打診してきました。私のお腹には六ヶ月になる赤ちゃんがいて、早産防止の為、手術の予定が翌週に入っていました。長男が誕生した時、主人から「男の子だから、多少のケガや骨折までなら仕方ないけれど、火傷だけは大人の責任だから気をつけるように」と言われていました。その主人があいにく出張中に起きました。

担任の若い先生は、ただただ泣くだけで、事情説明もできません。その時、私が発した言葉は、「完治するまで通院に、どなたか一緒に付き添ってくださるだけでいいです。治療費だけで賠償金は一切いただきたくありませんから」と園側に言い、担任の先生には「あなたが、お子さんを持てば、火傷の全責任は大人だということがわかるようになると思いますよ」といいました。本当に、とっさに出た言葉でした。後に、もらい事故が起った時も相手の方に同じ様な対応をしました。起ってしまった事故は相手を責め攻撃しても、事態は決して変わりません。双方の心に爪あとが残るだけです。今になって考えてみると、いつも他人の言動に振り回されてばかりいる自分ですのに、よくパニックにならず、冷静に対応できたものだと思います。これは一重に、私を慈しみ大切に育ててくれた、おばあちゃんのお陰です。本当に有りがたく感謝の気持ちでいっぱいです。隣人関係のトラブルが訴訟にまで発展するようにまでなってきました。「隣の芝生」が青く見える人、本当に青いでしょうか。実際は違うかも知れません。お隣は悲しみや苦しみを隠しながら暮していらっしゃるかも知れません。どうしても、自分より幸せそうに見えるお隣を外見だけで、想像、憶測をし、ご自分の憂さ晴らしをしないで欲しい。心はどんどん貧しくなってゆくだけです。人は他者を自分の評価対象とします。それは自然のことでもありますが、他者をみて、自分はどうするかが、大切ですね。

隣人もさることながら、職場に於ても、あまり楽しい話が聞こえてきません。

職場内でのいじめ　産業カウンセラー

必要性を感じてきたのか、心理カウンセラーをしている友人が、産業カウンセラーを取得しようとしています。私が受ける相談にも「職場でいじめにあっている」との事例が多く、中には深刻で急を要するような問題も起っています。セクハラにしてもいじめにしても受けた方は人間性を傷つけられます。近年のいじめは、弱い立場の人を、とことん追いつめ、不快を通り越し苦痛な状態まで追い込むことが多くなりました。「徹底的にそうしないと気がすまない程の精神状態とはどういう人なのでしょうね。周りでみている人はどんな反応なのか」相談者にお聞きしてみました。「いじめる人は、親しい友達がいない人、周りで見ていても、見ていない振りする、皆関わりたくないようです」と。女性ばかりのパート勤務の職場では、「ボス的存在の人で、その人が無理難題を言っても、誰も反論しないし、恐くて言い返せない人」だそうです。

いじめの内容は様々ですが、悪評を社内に一斉メールで流す、言葉での暴力、その人だけを全面的に排除するような無視、自分の失敗を他者の失敗にすり換え、それを上司に告げ口する人、明らかに自分の仕事なのに、ターゲットにした人に全部押し付け、自分はブラブラしている。相手にしないようにすると攻撃がエスカレートする、等。相手のプライドを、ズタズタにしてしまうような身勝手な振舞いばかりです。反論し怒らない人は下手《したで》に見られいじめは加速しますが、やり返せば同類になります。辛いことは避けて通れば済むことですが、「はい、では会社を辞めます」と短絡的な行動に走れば、失職という厳しい現実が待っています。辞めるとしても、ある程度は我慢し、様子をみて「体」にまで影響が及ぶようでしたら考えるべきです。いじめている側、いじめられている側の双方に、信頼できる友達がいない場合も多く、社会不安症のような対人関係が増え続けています。

日本でも一時、韓流ブームがおこりましたが、コメディ以外のヒット作品の大半は〝いじめ〟問題が盛り込まれています。視聴者は、ハラハラドキドキしながら、次回を楽しみに観ます。ドラマは、このハラハラドキドキ感が視聴率アップに繋がります。しかし「他人の不幸は蜜の味」という感覚で観ているのではなく、最終的に、弱者は必ず救われ、いじめていた方は必ず、せいばいされる、道徳的安堵感のもとで大方の人達は観ているのだと思います。悪行をはたらけば、天罰がくだると私は信じています。いじめる人は心が壊れている人です。この人こそ癒してあげなければ解決しません。生きている限り私達は一生人間関係の中にいるわけです。苦手であまり関わりたくない人もいるでしょう。「大切にしたい、ありがとうって言いたい人」があなたの傍に一人でもいたら幸せですね。

家族関係といじめの問題

「いじめ問題」が連日のように報道されています。保育の現場にいる者が、いじめの場面にあった時、どう子どもと向き合うか。佐々木正美先生から学んだ一番大切なことは、いじめている子どもを、まずその子どもの担任がそっと抱きしめる（君も辛いんだなと思いながら）そして、いじめられた子どもは、傍にいる保育者がなだめてあげる。この指導法を実践している保育園では、とても良好な結果がみられるようになったとの報告があります。

そうです。「いじめている側」の心のケアを一番に行うことが必須なのです。私の育った時代にもいじめはありました。いじめの内容は、その時代の世相を反映しており、正に大人達の日頃の姿だと思います。いじめを行った子どもを一方的に責める前に、我々一人ひとりの心や行動を内省したいものです。その上で、これから自分に置かれた人間関係の中で、どう生きていったらいいか、みんなも解っているはずです。ただ行動にうつせないだけで。子どもは、たくさんの大人の手をかけて育ててあげること、勉強ができることより大切なことを、気付かせてあげましょう。

先日、二〇年くらい前に、私が勤務していた養護学校卒業生の親御さん達と、お茶会をしました。その中の一人、重度障碍の女生徒のお母さんから、とても嬉しい報告をお聞きしました。そのお兄さんの言葉です。「妹のことで、ずっと辛い〝いじめ〟にあった。小学生の時死にたいと思った……。乗り越えた時、自分の結婚相手は、妹を理解し、愛してくれる人と願い、ようやく素晴らしい相手と巡りあえた」と。お聞きしていて胸に熱いものが込み上げてきました。障碍児のごきょうだいの多くは、辛いいじめの経験を持っています。いじめているお子さんのお母さん達は、障碍児のことを「養護、養護」等と言い、その子どもは母親の言葉をそのまま口にしています。子どもは親のうつし鏡、心して聴いてほしいです。ごきょうだい達は「全身全霊で障碍児と向き合っている、親御さんに心配をかけたくないと思い、辛さに耐えていることを」。

近年、家族関係で傷ついたり、苦しんでいる人が思った以上に多くいますが、考えてみれば、昔から親が子を勘当したり、きょうだいは他人の始まりと言った言語があります。近しい者同志だから、容赦なく辛らつになり憎しみも増します。それは、相手の悲しみを考えるとか、譲るとか言ったものもなく、長く続くであろう後悔への一歩です。「美田残して骨肉の争い」親が築いた財産が、きょうだいに等分できない事もあります。親の老後の問題ともなると、義理のきょうだいとの折り合いも出て来て、きょうだいだけで話し合うのも難しくなります。根元である、家族間の問題が織り成す、人生模様が端を発し、実に多くの悩み苦しみを引き起こします。しかし、大人達は「子どもは親が思っている以上に親を見ている」ことを忘れてはいけません。

ブータン国民は自己肯定の幸福観

かつての子ども達は遊びを通じ人間関係を学んでゆきました。親子のふれあいも遊びの中から生まれます。近年の若者は対人関係が苦手で消極的になったと言われている一方で、他人の目や評価が気になって仕方がない、自分に自信がないといいます。ほめたたえている人をさえぎり、必ず否定する人、ケチをつける人が多くなりました。幼児教育の視点が「友達とワイワイガヤガヤ楽しく遊ぶ」から「習い事」へ変わってきました。これから先、この国の若者達は、ブータン国民のように自己肯定力を強く持ち幸福を感じながら生きてゆけるでしょうか。人生に事故や病気などの苦しみ、どんなに欲しくても手に入れられないものがあると知り、自分だけが惨めだなんて思わず、運命はこれからいくらでも変えてゆけると信じ、自分とつき合っていってほしいです。

「ありがとう」の人生

「ありがとう、ありがとう、ありがとう!!」と感謝の心が芽生え、その「ありがとうの心」が一つずつ増えていった先には、必ず幸せが待ち受けてくれています。人生でうまくいく人は、「楽観主義」、現実を見すえて、前向きに生きようとする力です。「楽天家」は自分のことが好きです。笑顔や挨拶の言葉かけで、みんなを安らかにします。

しかし、不幸にして、今心の病に苦しんでいる方、ユングのことばです。「神経症になる人は、何らかの意味で、普通以上の何かを持っている人である」と言っています。不愉快なことも耐えがたいことも、年月のうちに決着の時が来ます。まず、体を動かすことです。苦手な朝日をあびましょう。人生、答が出ないものがたくさんあります。援助者の力をかりながら苦しさを軽減する訓練を始めてみましょう。

五月二一日午前七時三五分、皆さん方は、金環日食を観ましたか？　私の住んでいる地域では六時過ぎ頃より小雨が降り始め、その後無慈悲なことに雨脚が強くなりました。肝心な時には〝晴れ女〟の私は期待を胸に我が家のベランダに何度とはなく出て、東の空を仰ぎみておりました。すると曇の切れ間から徐々に太陽が三日月のように欠けていくのがみえ、正に七時三五分の瞬間、曇が切れリング状の太陽を観ることが出来ました。近所のおばさん達の歓喜の声も聞こえ、この自然現象を生きている間に体験できたことを神様に感謝致しました。大げさではありませんよね。一七三年振りに観ることができ、次は三〇〇年後と聞けば、人の一生のなんと短いことか。我々は宇宙の中の小さな小さな微粒子。

「いい人と歩けば祭り、悪い人と歩けば修行」

赤毛のアンの物語の中に、エリーザだったでしょうか。「思うようにならないって素敵なこと、思ってもないことが起るから」という言葉があります。又、正確でないかも知れませんが、盲目のごぜさんの言葉に「いい人と歩けば祭り、悪い人と歩けば修行」ということばがあります。私が憧れている人ですが、「あんなにいい人に、何故苦労が絶えないんだろう」と他者が気の毒に思っても当の本人は、へこたれるでもなく、ひるむでもなく、「何、これしきのことで…」と何度も乗り越えている。そのような人は、傍に共感し、励ましてくれる頼れる人がいるのです。気持ちの切り替えができ、その人も身近な人を大切に思い、自分の人生にいつも正面から向き合っています。ですから歳を重ねるごとに、魅力は増し、より素敵な女性になられています。

「人の数だけ悩みがある」と言います。まずは、自分のことより相手のことを優先してみましょう。困っている人がいたら「私に何かお手伝い出来ることはありますか」と、アクションを起しましょう。自分にとって本当は一番大切な人に文句ばかり言ってないか内省してみましょう。イライラして、人に当ってしまったら、溜ったストレスを、外へ出しましょう。ストレス発散方法、そうですね。〝住んでみたい県第一位が沖縄〟と言われた頃のその理由は三つありました。「素晴らしい自然の景観（特に海）、歌と踊り」でした。

この中の一つ、歌ですが、よくコンサート会場に数万人動員したと報道され、会場でのファンの姿がうつし出されます。若い人から中高年、老年に至るまで、それぞれのジャンルの歌であったり演奏であったり、皆心を一つにして、聞きほれている姿がそこにはあります。歌詞は短い詞ほど気持ちが伝わり、聞けば瞬時に幸せになれます。金子みすずの詩集が震災後、ヒットしました。相田みつをも、人の心を引きつけてやみません。コンサート会場で見る若者の姿は、〝夢中、無心〟です。素晴らしいですね。なんにも考えないで、大好きな歌手に、全霊を捧げる。夢中になれる程でなくてもいいです。好きなことをすれば、それだけでストレスは発散します。

「今の世の中が悪い」なんて言っても仕方がありません。「私が私が」「もっともっと」と求めることばかりでは、一生心の満足は得られないでしょう。これから先、ぼくも私もあなたも、皆〝幸せになる権利〟があります。人の幸せ度はそれぞれです。幼児期までに母子間で基本的信頼関係が築けた人は、人も自分も信じることができ、人も自分も好きでいられます。もし築けなかった人も、いつだって修復のチャンスはあります。誰かのせいで、こんなになったとしか考えられない人や人を恨む人は、人の欠点を許せなかったり羨む人です。

今日の朝刊で「器」という本を紹介していました。

「人間の大きさは何で決まるのか」と、いくつか項目が羅列してありその一つが私の目を引きました。〝自分の機嫌は自分でとる〟と書いてありました。そうですね、自分で不愉快なことをとり除き、愉快になれれば、少なくとも人に不愉快な思いはさせなくて済みます。

まず、「一番近くで、あなたの目の前にいる人が辛い時は、寄り添いその理由《わけ》を聞き、励まします。嬉しい時は、一緒になって喜ぶ」から始めてみませんか。簡単にできるようですが、結構難しいのでは?と思っていらっしゃる方は、肩の力を抜いて無心になれる訓練をしてみましょう。一生懸命相手を思う心は必ず伝わります。

世界中の気候が変わりつつあります。日本でも竜巻や落雷による犠牲者も出てきて、天気予報で注意喚起しています。アナウンサーは「室内ではカーテンを引く、ゴロゴロなり出したら、屋内に避難して下さい」と言っています。歩行中に、交通事故や落下物により、幼い子どもが犠牲になったり、通り魔にあったりと、本当に予期せず一瞬の間に命を失う、不慮の事故を他人の空言のように私達は感じてないでしょうか。常に死を思いながら暮すことはありませんが、いつどのような形で、それも幼かろうが、若かろうが、我々にも起りえることを、愛しい人との別れも突然やってくることもあるということを、認めた上で、今日を生きてゆけたらいいですね。

たとえ、報われない人生で終ろうとも、そこそこ幸せだったと言えるよう、「自分を大切に」。最も後悔しない生きかたとは、その時、その時に自分にしか出来ないことをすることです。

くやしい、憎らしい、苦しいと強く思っている方がより辛い思いをすることを知り、「困った時は反対のことをするといい」そうです。流れは変ります、変らないものはありません。怒りは命を縮めます。恨みの心がとき放されれば、相手の辛さに気づいてあげられます。すべてを許せば、「また、あの人に会いたい」と思われる人になれます。

子どものプライド

今、もし自分が特定の人を許せないでいたら、それは、親御さんから子どもの自尊心を傷つけられるような育て方をされたと思われたらいいです。プライドを傷つけられるようなことをされたから、人の言動に腹が立ち許せなくなっているのです。子どものプライドを大切にされて育った方は、人が何を言おうが何をされようが、相手にせず、淡々としていられます。又、いじめられることも少ないです。

「幼い子どもならさておき、ある程度の年齢になれば、自己主張が始まり、○○がいい、○○したい、○○は嫌」と、自分の道理を言い張ります。「クッキーよりチョコレートの方がいい、牛乳はイヤ、ジュースの方がいい、このスカートよりこっちのワンピースの方がいい」、「サークルは、運動がやりたい」。

次第に成長し、進学先、就職先、結婚相手など、小さな事柄から大きな節目での事柄まで自分の意志で分別選択し、決定してゆきます。親に言われたから、仕方なくとか、何となくそうしたという人も多いと思います。実際、私も親から反対されたことは、仕方なく諦め、後になって愚痴をこぼしたことも多々あります。けれど年齢を重ねて今になって考えてみれば、親に反対されて諦めたことは、たいした情熱などなかったんだと、そしてもし、強い情熱を持ち続けていたら、常に飛び立つチャンスを探しどんな方法をとってもやり遂げたであろうと言い切れます。

一度きりの人生は、わたし次第

ある程度どころか、今までご自分が進んできた路の決定は、自分で行ってきた。それがわかれば、後悔なんて言葉はふさわしくありませんね。自分を理解してくれる人を持っていれば、一人で居る時も機嫌よく過ごせるようになります。

人を好きになる前に自分を好きになり、自分を知ること、親から子どもへ愛情という名の「支配」をしないことです。親から大事にされて育ったという日本の高校生は no が yes の二、三倍です。人は理屈では動かせません。感情で動きます。感情で理解しないと納得できません。幸せそうにしている人は、人を幸せにしている人です。一度きりの人生、どう進むかは、わたし自身で、わたし次第なのです。過去と他人は変えられません。変えられるのは未来と自分だけです。

—愛のはじまりは家庭から　マザー・テレサ—

II　行動を通してつかんだ感動と発見とよろこび

養護学校との出会い

本当に縁とは異なもので、今から二六年以上前の事です。
私も二〇代で人並に結婚し二人の子どもにも恵まれました。
私は結婚する迄、金銭的苦労は特にせずに育ちました。五歳から母子家庭でしたから、母親は口に出さなかっただけで、それなりに、苦労をしていたかも知れません。

やがて長男が生まれ三年ほど経った頃より、四〇歳頃までの間に三度の借金苦にあいました。けれど当時自分もまだ若く子どもも幼かったこともあり、借金にうろたえめげることもありませんでした。

しかし三度目の時、子どもは長男長女の二人となり、長男はまもなく中学生になろうとしていました。本来働く事が苦ではない母親の働く姿を見て育った私は内職、パートをかけ持ちし頑張りましたが、私の稼ぎでは利子を返すくらいにしかなりません。そこで、一大決心をし、初めて教職に就きたいと強く思いました（免許は取得していましたがねむらせていました）。

元来、あまり考えなしで、即行動する性格ですので、直に県と市の教育委員会へ履歴書を持ち出掛けました。昭和六二年春のことです。しかし世の中はそんなに甘くはありませんね。敢なく撃沈です。理由は、四〇歳になるまで一度も教職経験がなかったからです。今から思うと大それた行動でした。しかし、不思議ですね。おっしゃられる通りですから、あまりショックは受けませんでした。そのまま帰りに家の近くの養護学校に行きました。まるで何かに導かれるように。春休み中で、あいにく校長先生は留守にされていましたが、教頭先生が会って下さいました。勿論、借金をしたので働きたいとは言いませんでした。

働きたい理由は、「日頃から養護学校の子ども達が近所の公園で遊んでいる所や、学校を脱走して一人で歩いている様子を垣間見ていて、とてもその子ども達のことが気にかかりもっと知りたいと思い来ました」と以前からの思いのたけをまあ、だいたいその様な内容で話しました。これは本音です。

時代がよかったのですね。飛び込みなど今ではとうてい無理な話だったでしょう。教頭先生は、私の履歴書を手に取り「まあ～、あずかっておきましょう…」と言って下さいました。

自宅までは徒歩で六～七分の距離の学校ですが、帰路、実に爽やかで満足していたのを今でも覚えています。

その後、相変らず、内職、パートを続け、こんなことで終ってたまるものかと幾度も自分を励まし、待つこと八ヶ月くらい経った一一月の末のこと、養護学校から電話があり、教頭先生と事務長との面談を受けました。

教頭先生は「一二月にマラソン大会があり、体育代替が必要になりましたので出来ますか?」とおっしゃいました。一瞬、私は沈黙してしまいました。マラソンは運動の中で、私の一番苦手な種目だったからです。口を開いたのは、事務長でした。「あんたの、その歳でこの坂が走れますか?」ます〳〵私は返事が出来にくくなりましたが、透かさず教頭先生が助け船を出して下さいました。「まあ、やってみるさ‼」この一言で、非常勤講師の誕生です。

フロイトのことば「愛することと働くこと」

心の中で「頑張る、きっと頑張って、次に繋げてみせる‼」と言い続けていました。マラソン大会に向け、私の弱点をフォローして下さる優しい先生方に助けられ無事に乗り切ることが出来ました。当時、私は学校で最年長のしかも新任でした。有り難いことに、頑張っていると、嬉しい知らせがあるものですね。次々と契約を更新させていただきながら足掛け一五年間、非常勤、臨時的任用職員の職に就くことができました。一五年は私にとって決して短い期間ではありませんでした。学校生活は私の人生、大げさではなく、現実の生活を根底から覆すような、驚きの連続の日々でした。在職時代に出逢ったたくさんの子ども達や親御さん達からいただいたものは、どれほど大きな影響を私の生活に与えて下さったことか、はかり知れません。自らの生き方、子育て、家族等々これからの人生観を大きく変えるような体験をさせていただきました。

私は当初、養護学校では、障碍児《しょうがいじ》への知識不足で、本当に仕事の出来ないうろたえる毎日でした。しかしながら、そのような私でも勤務歴一〇年頃には、「天職だ!!」と思えるようにまでなりました。色々な物事の全体が見えてくると、細部の事柄に自信が持てるようになり、仕事が楽しくなってきました。フロイトの人生のモットー「愛することと働くこと」というてがたい生き方を、養護学校という職場で学び体得させていただきました。

大脱走のマーチ

赴任先のどの学校でも、登校中生徒が居なくなるアクシデントが何度も起こりました。我が家の近隣にある養護学校の周りの塀は高く、子どもが容易には乗り越えられない程です。しかし塀を高くしても、他に盲点はあるものです。来客者が門を閉め忘れたりでもすれば、生徒はいち早くそれを見付け、一人あるいは数名で校外にフラ~と出ていってしまうのです。カゴの中の鳥が大空へはばたいていく解放感に誘われる気分なのでしょうか。

まず、生徒の不明に気づくと直に生徒全員は体育館に集められ、続いて先生方の大捜索網が始まります。校内で見つかれば幸いですが、大方は校外捜索になることが多かったです。そんな中で、私は、近隣校に勤務の時、小学校高学年の男の子の捜索で〝お手柄〟を取りました。男の子は給食後毎日、給食室で、賄いのおばさん達の洗い物の手伝いをしていました。ある日ふと気付くと、男の子がいなくなっていたようで、当日の服装の特徴を「白いエプロンに白い長ぐつ姿」で、言語はなく、ぽっちゃり体型だと顔写真も回ってきました。私は数人の先生達と捜索担当の近所の国道方面を探しに出ました。すると、坂の上から、晴天の中、白いビニールエプロンと白長ぐつ姿の男の子がトコトコ歩いてくるのが見えました。しかし、男の子との接点はありませんでしたから、果して私と一緒に学校に帰ってくれるかなと不安に思いました。その時幸運なことに、私のそばに一台の車がス～と止まり、中から近所のクリーニング屋のご主人が「今、先生達がバタバタ動いているけど生徒捜索してるの？」と聞いて下さいました。すごいラッキーなタイミングでした。「あの、長グツを履いた男の子です。学校まで乗せていってくれますか？」とお願いしますと、ご主人は快く乗せて下さり、無事に保護することができました。私が短い時間で捜し出せたのは、この地域に住んでいた強みもありました。

当時、地域の人達の子ども達への理解があったればこその結果でした。残念ながらそれは今では、難しいことになりました。子ども達を知る為には、一緒に遊んで下さればそれだけでいいのです。かわいい子どもたちばかりです。本当に純真で、己の言動が恥ずかしくなるような天使のような子どもがたくさんいます。今では子ども達に「知らない人と話をしたり、付いて行ってはいけません」という風潮の日本社会になりました。日本は、本当に豊かになりました。けれど哀しいことに人の心は貧しくなってゆくばかりです。「仕方ないよ」ですませたくないのはみなさんも承知されていると思いますが。

籠の中の鳥

さて、こゝで他の脱走事例に触れてみましょう。何故？　子ども達は脱走するのでしょう。どこの養護学校でも基本的に校舎、校庭のまわりはぐるっと一周、容易には校外に出られない造りになっています。少し考えてみれば自分だって、高い塀で門には施錠がいつもしてある中で過していれば、〝籠の中の鳥〟のような気持ちになる時があると思います。然りとて、全てオープンにすれば、養護学校運営は成り立たなくなります。親御さん達も心配で学校に通わせられなくなることでしょう。現に、脱走した生徒の中には、高圧線に触れ足を切断したり、電車の好きな子どもは線路の上に立っていたりと、驚くほど大胆な行動を取ったりもします。又、直に見つからず、何日も経ってから九州や成田空港、公園等で保護されたケースもありました。その日の内に見つかった中には、無銭飲食をしたり、お腹が空きスーパーでお金を払わず、お菓子を食べ保護された生徒達もいました。

発達障碍に対する正しい知識

しかし、これだけは解って欲しいのです。この子ども達は善悪の判断をする力が弱いのです。規則や規律の意識が薄いのです。ですから、「お腹がすいたぁ～!!」と思えば、本能のまゝそのような行動をとるのです。みなさんご存知でしょうか。ここ何年かの間に、発達障碍の子どもが大変な増加傾向にあるのです。発達障碍児の幼児期は多くの場合、多動がみられます。先の予定がみえない時や日常生活と異なった行いをしなくてはならない時などは、特に混乱します。酷い時には、パニック状態に陥ることさえあります。みなさんから見れば、些細な事柄にこだわったりするので、驚かれることもあります。中でも、生きてゆく上で一番大切な、人とのコミュニケーションが苦手です。ここまで申せば、なんて難しい、理解できないわと思われるかもしれません。けれど近年、発達障碍に関しての本が多く出版されるようになったお陰で、大人になった方も本を読まれ、「私は発達障碍だ」と気づかれる実例も直接聞くようになりました。発達障碍のみなさん方は〝生きづらさ〟を常に感じながら日々の生活を強いられているのが現実なのです。発達障碍と診断された青少年による重大事件も毎年のように生じるようになっています。最も必要なことは、障碍児に関する正確な知識が不可欠なのです。

特記したいことはたくさんありますが、児童青年精神医学が専門の佐々木正美先生の数多い著書を読んでいただければ、知識も深まります。『自閉症、アスペルガー症候群のすべてがわかる本』（講談社）、『子どもへのまなざし』（福音館）が、とても解りやすくおすすめです。

お母さんの立場

一番小さな社会、家庭という中で日々針のムシロのような苦痛きわまりない家族と暮らしているお母さんも、かなりの数いらっしゃいます。同居している姑から「うちの家系に障碍者は一人もいないよ。あんたが生んだんだよ!!」とののしられる。生まれた子どもがダウン症とわかった途端、離婚を迫られたり、中には本人が知らない間に戸籍を抜かれる例もあります。このような実態をお母さん方からお聞きする度、胸が締付けられるような思いでした。けれども苦しみを乗り越え、明るく母子家庭で頑張っていらっしゃるお母さん方は過去の辛いことはふっきっていつも前向きです。

又、障碍児が生まれ、夫婦の絆が強くなって、「先に死んだ方が勝ち（障碍児を残して）」と笑いながら夫と言いあっているというお母さんもいらっしゃいました。一番キツイなあと思われるお母さんは、夫との関係です。障碍児の我が子への理解がなく、受容できていないお父さんの場合です。あるご家庭のお父さんは、日本では屈指の商社にお勤めです。そのお子さんが高等部入学時に、㊙要望が家庭調査の用紙に特記されていました。高等部就学後卒業迄の間、在学中子どもにいかなることが起ろうと、勤務先には決して連絡をしないで欲しいといった内容でした。一流商社勤務ゆえの世間体でしょうか。お父さんはご自身のプライドの強さにがんじからめになっていらっしゃることを気づいていらっしゃるのでしょうか。気づいていても、ご自分の地位や名誉を守りたいのでしょうか。このようなお考えの度合の大きさは違っても、そういう傾向のお父さんがいらっしゃることは、過去にも何度か耳にしたことがあります。

増えつゞけている暴力（ＤＶ）

そして、一番厳しいお母さんの立場としては、夫からの暴力です。それは言葉の暴力はさることながら、無視も含まれます。現在の日本での夫婦生活の中で、夫から妻へのＤＶは増え続けています。ＤＶを受け続けていても、誰にも話せず苦しんでいる方が、想像しているより多くいるとも言われています。夫のＤＶから逃れる為、妻が子どもを連れ突然家を出るケースは多く、小・中学校児童の居所不明者が現在一一九一名にのぼっています。運良くシェルターに避難でき、母子で新しい未来への扉が開かれれば幸せです。けれども、恐怖のあまり誰にも相談ができず、毎日「殴られるのではないか」とビクビクしながら暮しているお母さん、その傍で、お子さんは、お母さんがお父さんから殴られる姿をいつも見ているのです。子どもにとって、これほど辛い現実はないでしょう。夫からＤＶを受けている、夫が子どもを虐待している、「どうしたらいいでしょう。助けて下さい」という相談を私は過去にも現在も受けています。私はいつも、苦悩をお聞きすることしかできません。ご本人達が自らシェルターに駆け込む以外に、最善の方法は私には思いつきません。ずるいとおっしゃるのも承知していますが、本当にその方の人生を背負う自信も覚悟も力も私にはありません。不用意に私が発した言葉で今以上に、事態が劣悪になることも否めません。本当に申しわけないことですが、苦しみをお聞きし、一時でも胸のつかえが下りることを願うばかりです。障碍児を育てながら夫からＤＶを受け続けている妻、屈辱の中で不安を抱えながら孤独に耐えていらっしゃるお母さん、勇気を出して、力になって下さる専門の相談者を探して下さい。心からお願いします。

この子がいるから生きていける

人の苦しみの重さは、それぞれ違いますが、お聞きして切なくなる程、辛い立場のお母さんがいます。「大恋愛の後、結婚出産をし、誕生したのは障碍児でした。長女の誕生を夫は喜んではくれませんでした。驚いて戸惑っているのだろうと最初のうちは思っていたのです。しかし徐々に会話は減り、夫は家で食事も摂らなくなりました」と。その頃には背後に女性の姿が浮び、ついに家に帰る数も月に数回になったそうです。たまに帰ってきた時、話し掛けても無視をされるようになったそうです。人は攻撃されることより無視をされる方が、自分の存在や価値を否定されるわけですから、精神的ダメージは大きいと思います。私なら心が折れてしまいます。しかしその後もお母さんは、夫からは金銭的援助をもらい、辛いであろう現状を黙認されています。お母さんは「この子と一緒なら、この子がいるから生きてゆける」とおっしゃっています。夫からも別れ話が出たことはないそうです。根っ子の所で夫と心は離れていないのだと感じました。

天国の特別な子ども

この世の中で、赤ちゃん誕生ほど喜ばしく素晴らしい出来事はないでしょう。正に命のバトンです。しかし、誕生した我が子が障碍を持って生まれてきたとしたら、ここにご紹介したい詩がひとつあります。

エドナ・マシミラというアメリカのシスターから日本の障碍をもつ子の両親へのメッセージです。〝天国の特別な子ども〟というタイトルです。この詩を読んで多くの親御さん達が救われた実績もあります。

天国の特別な子ども

エドナ・マシミラ

会議が開かれました
地球からはるか遠くで。
〝また次の赤ちゃんの誕生の時間ですよ〟
天においでになる神様に向かって
天使たちはいいました。
〝この子は特別の赤ちゃんで
たくさんの愛情が必要でしょう。
この子の成長は
とてもゆっくりに見えるかもしれません。
もしかして
一人前になれないかもしれません
だから
この子は下界で出会う人々に

とくに気をつけてもらわなければならないのです。
もしかして
この子の思うことは
中々わかってもらえないかもしれません。
何をやっても
うまくいかないかもしれません。
ですから私たちは
この子がどこに生まれるか
注意深く選ばなければならないのです。
この子の生涯が
しあわせなものとなるように
どうぞ神様
この子のためにすばらしい両親をさがしてあげて下さい
神様のために特別な任務をひきうけてくれるような両親を。
その二人は

すぐには気がつかないかもしれません。
彼ら二人が自分たちに求められている特別な役割を。
けれども
天から授けられたこの子によって
ますます強い信仰と
豊かな愛をいだくようになることでしょう。
やがて二人は
自分たちに与えられた特別の
神の思召をさとるようになるでしょう。
神から送られたこの子を育てることによって。
柔和で穏やかなこのとうとい授かりものこそ
天から授かった特別な子どもなのです〟

（大江裕子訳）

「先天異常の医学」四九頁（木田盈四郎著・中公新書）

光る技

音感に秀でた子

高等部二年生のある午後の音楽の授業のことでした。私はにわかに信じがたい光景を目にしました。多分一学期で、何度目かの音楽の時間でした。音楽専任の先生がいつもの様にピアノに向かい曲を弾きました。曲名は覚えていませんが、先生が弾き終えたと同時に、男子生徒の一人が立ち上がり、つかつかとピアノの方へ近づいていきました。そしてピアノの横に並んで置かれているエレクトーン用の椅子に座り、なんと先生が弾き終えたばかりの曲を両手で完璧に模倣したのです。もちろん、楽譜もなく〝そら〟でです。その場に居た生徒も先生も驚きましたが、「すご〜い!!」「どうして？」と口々に言いながらも拍手が鳴りました。後日知ったことは、彼は〝絶対音感〟の持ち主《ぬし》だったのです。彼のお母さんのお話ですと、彼のお姉さんがエレクトーンを習っていて、その練習を聞いていたのか自然に弾けるようになったとのことでした。お母さんもびっくりなさったそうです。彼は音楽に大変興味があり、お姉さんがエレクトーンを弾いている時は、神経を研ぎ澄ませていたのでしょう。

その様な事があってから、音楽の時間には必ず先生はピアノ、彼はエレクトーンに向かって演奏を行うようになりました。自閉症の彼は普段無表情な顔をしていますが、エレクトーンを弾いている時の姿は、実に自信に満ちりりしく、素敵でした。「興味があるもの、好きなこと」に取り組めることは、生きてゆくことで、とても幸せなことで、それは表情にしっかりあらわれるものですね。私はピアノが弾けません。楽器で何とかできる物は、小学校で習ったハーモニカだけです。ですから、ピアノを弾ける人には憧れます。

もう一つ彼に驚かされたことがあります。あるお昼休みのこと、彼が黒板に向かい何やら書いていました。近づいてみると「バラ・ユウウツ・ウドン……」等を漢字で何も見ずスラスラと書いているではありませんか。私はその時初めてて「饂飩《うどん》」という漢字を知りました。すごい才能の持ち主に、クラスの先生達は本当に感動を覚えました。

踊りはまかして

その他にも、音楽の時間に先生は、その頃生徒達の間ではやっている「アニメソング」をよく弾きます。すると、座ってなんかいられないと、その曲に合わせて踊り出す生徒が必ず出てきます。踊りが好きで得意な生徒は大抵ダウン症の子ども達です。彼等は満面の笑顔で、楽しくてたまらないといったふうに、全身で表現してくれます。それを観ている私達も笑顔になり、しばし彼等の踊りを楽しみます。ダウン症の子ども達の踊りは天性のもので、明るく、体中からほとばしる力強さがみられ、私もたくさん元気をもらいました。

職人はだしの木工

もう一人ご紹介したい男子生徒がいます。養護学校高等部の授業の中では、進路に向け週二回〝実習〟という形態をとっています。その中の一つ〝木工班〟でのことです。その時の担当の先生は木工技術に長《た》けていてボックス型の椅子、長椅子、テーブル、プランター等、バザー販売に向けまず見本を作り生徒に見せました。そして、作品完成に向け一つひとつの木片をそれぞれ生徒に渡し、指示を出します。ノコギリで切り出しする、釘を打って組み立てる、ヤスリがけをする等、一連の作業を輪番で行わせます。ある年、木工のとても上手な男子生徒がいて、先生は彼には一人で全工程を任かせていました。彼は、採寸から仕上げのニス塗り迄、どの工程も絶賛できるほどの腕前を見せてくれました。彼ほどきれいに作品を仕上げられる生徒はあまりいないと思いました。この能力、技術も「興味があり、好きなもの」があったればこその集成でした。これも彼のお母さんから聞いた話ですが、以前彼の家を改築した時のことです。彼が何歳の出来ごとかは分かりませんが、彼は毎日〳〵片時も大工さんから離れず、作業を飽きることなくずっと見ていたそうです。その内、大工さんは半端な木のきれはしをノコギリや釘、金づちと一緒に彼に渡しました。その時の彼は本当に嬉しそうで、ニコニコしながら受け取り、初めてとは思えない程器用に木工作業を楽しんだそうです。

彼は現在三八歳、私と最寄り駅が同じで時々バッタリ会うことがあり、毎回同じ内容のメモを手渡してくれます。どうやら私達、大好き同志のようです。

刺しゅう、織りもの、縫製、陶芸、農作業、印刷……

他にも色々な班があり、刺しゅう、織りもの、縫製、陶芸、農作業、印刷等、いずれの作業も大人顔負けにこなす生徒が必ずいました。手先の器用さだけでなく、与えられた作業を黙々と一生懸命に地道に行うことが上達への早道であると私は生徒から学びました。そして立派な作品を仕上げる生徒は集中力も高く、指導に対して素直です。実習には年二回地域にあるトップの進学高等学校の生徒が交流の為やってきて、それぞれの班で、障碍児と一緒に実習を行います。作業を始める前の注意点を先生から聞いていたはずですが、トップの学校の生徒の方が怪我をします。たかをくっているのです。しかし彼等にとっては同年齢の障碍児を知る大切な絶好の機会でもあります。

美術、体育

授業科目の中で美術に於ても、素晴らしい感性の持ち主が多くいます。絵画は独特の世界観と美的センスに加え、色彩感覚なんてとうてい彼等の真似はできません。卒業後、親御さんの協力で個展を開く青年もいます。

体育では、水泳、マラソン、サッカー、ホッケー、ドッジボール等、得意な生徒は先生相手に競争や試合に挑んできます。私はドッジボールで生徒の投げてくるボールが怖くて受け取れませんでした。

どのような分野に於ても、秀でた能力を持っている彼等を、私は誇りに思います。

お母さんからのSOS

子ども達に少しずつ慣れた頃のことです。私は学年付きというフリーの立場にいました。いわゆる〝助っ人〟です。その日必要としてくれるクラスの補充員になります。又、一対一対応の介助を要する生徒がいればずっとそのクラスの専任になる場合もあります。

ダウン症の中には、肥満児もいました。どうやらダウン症は太りやすい体質のようです。体重が一〇〇キロ以上の生徒も何名か出会いました。そんな中の一人の、高校生でダウン症の女子生徒のおかあさんから、ある日の夕方私の自宅に電話が掛ってきました。聞き取れないほどの弱々しい声でした。「先生…助けて…!!……」と聞こえて来ました。私は異状事態が起きてるんだと直感し、「待ってて、直に行くからね」と言って電話を切り、バスに飛び乗りました。私の家から彼女の家まではバスで一本、そんなに遠い距離ではありません。道中、いったい何が起こっているのか、母子家庭ですから気が気ではありませんでした。以前家庭訪問をした道をなぞりながら全力で家に向かいました。家に到着すると、お母さんは横たわっていて、大出血したことを私に告げました。幸いなことに、同じ団地に住んでいる友達が居合せてくれていたので、直に救急車を手配し、その友達に同乗していただき病院まで付き添ってもらうようお願いしました。無事に救急車を見送り、ほっとし部屋を見渡すと隣の部屋のタンスに巨体の彼女が寄り掛かっていました。この騒動を彼女は冷静に見ていたのかも知れません。そして間もなく小学生の妹さんが学校から帰ってきました。とり敢ず病院に付き添って行ってくださった、お母さんのお友達の連絡を待つことになりました。夕飯はラーメン屋さんから出前をとり二人に食べてもらいました。そうこうしている内に私は学部長に連絡をしていないことに気づきました。事後報告になってしまう。どうしよう…怒られても、仕方ない事でしたが、あの緊迫感では、即行動しかありませんでした。この様な時は、考えるより行動する傾向の性質なのです（いまだに直りません）。

学部長に電話を掛け報告しましたら、案の定返って来た言葉は「すぐに担任（彼女）を向かわせるので、着いたら君は帰りなさい。後の事は全て担任がやるから」とのことでした。後日わかったことは、お母さんは子宮筋腫肥大で手術することになったそうです。担任からは詳しいことは何も聞かせてはくれませんでした。そこには、旧態依然の学校の姿がありました。

それでも、臨時の私を必要として下さったお母さんの心情を察し、私は満足していました。本当に困った時、誰を頼りにするか、一朝一夕に信頼関係は築けるものではないことを知っていたからです。彼女は、現在入所施設で暮していますが、二〇歳の頃生死にかかわるような肺炎にかゝりました。その時もお母さんから電話があり「ここ数日が山」と医師から告げられたと言い、私に会いに来てと話されました。私が病院に面会に行くと、卒業後一層大きくなった巨体を壁にあずけウッラウッラしている彼女がいました。私は彼女を見た途端、瞬時に思いました。「お母さん大丈夫よ、絶対に死んだりしないよ、必ず元気になるから」と私はお母さんに向かって言いました。お母さんは、沈んだ口調で「先生に、二、三日と言われたので、葬儀場の手配もしたのよ」とおっしゃいました。何と、私の直感は見事に当たり、彼女は無事に生還したのです。彼女の回復後、お母さんから「どうして助かるとわかったの?」と聞かれましたが、「すみません、私にもわかりません、彼女の顔を見ての直感です」としか言えませんでした。

兎に角、ほっとしました。嬉しい嬉しい忘れられないエピソードです。私の知る彼女は食べることが大好きです。増えていく体重にお母さんは色々工夫をされました。食パンをバスタオルに包んでお風呂のフタの上に置いても、必ず彼女は隠し場所を見付け食べてしまう。冷蔵庫の中をカラにするわけにもいかず、体力は既に追い越され一緒に暮らすことが難しくなっていました。あまりに太ると横になって寝ることすら出来なくなります。肺炎で入院していた時、壁に寄り掛って寝ていたのは、そういう訳だったのです。施設入所し、きちんと体重管理をしてもらい、健康な体に戻すことが先決でした。今が一番良い親子の形で繋がっているのでしょう。彼女は時々、実家に外泊し、幸せいっぱいの時を過しています。妹さんは結婚し、三人のお母さんになり彼女は叔母さんになりました。ハンディキャップを持って生まれたお子さんのお母さんは、「自分より、一日前に死んで欲しい」とおっしゃる方が時々いらっしゃいました。障碍を持って生まれて来た我が子の行く末を案じてのことでしょう。

「大丈夫、彼女は誰からも愛される素晴らしい女性に成長しましたから」「胸を張って下さいね、立派に育て上げられましたね」お母さんに私の心の言葉は、きっと届いていますよね。

もう時効ですよねぇ、家に泊めちゃいました

こんなことも、ありました。我が家に遊びに来た生徒はたくさんいましたが、一五年間の勤務の中で一度だけ生徒を我が家に泊めたことがあります。私は高等部担当が圧倒的に多く、中学部は数年間、小学部は僅かでした。近年最後の勤務は幼稚園で終りました。順序から言って、幼、小、中、高が望ましかったのかも知れませんが、逆に考えた時、最後に園児と関われたことで、私の中では、障碍児への理解の集大成を体得できたと確信して

おります。より深く知ることが出来、今後もこの経験がいつでも、どこかで少しでも役立つよう願っています。

という事で、我が家に泊めちゃった女子生徒も高校生でした。在学中のある日のこと、彼女のお母さんは交通事故にあい入院されてしまいました。家族はお父さんと、お姉さんがいらっしゃいました。ご両親は、大そう彼女を可愛いがっておられましたが、お姉さんは彼女に対し敵対的でした。彼女は、軽度の知的障碍でしたが、ご両親は不びんに思い、心配りをされていた事がお姉さんからしてみれば不満をあおったのかもしれません。「私もみて欲しい」、思春期ともなれば、尚更のことでしょう。お姉さんは、ことある毎に、彼女に対し辛くあたっていました。お母さんが入院されてまもなく、お父さんが夜勤で夜家を空けることになり、お姉さんと彼女を二人にして仕事に行くのは厳しいと相談されました。「一泊だけなら家に泊まればいいですよ」と私は答えていました。全く、この性格は直りません。我が家も子ども二人と主人の四人家族です。今振り返ると、この様なことは、家族の温かい理解がなければ、決してできなかったと思います。本当に家族のみんなに感謝です。有り難いことです。

かくして、彼女は我が家で一晩過すこととなりました。この事は公にはしませんでしたが、教頭先生だけには打診しました。教頭先生は「聞かなかった事にする…」と受け入れて下さいました。自分の責任の元で行動しなさいという表現の言葉でした。嬉しかったですね。私を信じて下さったのですから。一五年間の教師生活の中で尊敬できる大好きな先生に多く恵まれました。何より臨時の私を決して見下すことなく、一人の教師として指導して下さった。一方では、いじわるをする先生も多かったですが、支え力となって下さる先生方のお陰で乗り切ることができました。

このような世相になった今、教師の家に生徒を泊めたことが発覚でもしようものなら、間違いなく私は罷免《ひめん》でありましょう。あの日、彼女が我が家に泊まった時、信じられないほど、ごくごく自然に家族の者は彼女と接してくれました。はにかみ屋ですが人なつっこい性格もあって、直に我が家に馴染んでくれ楽しい一夜をみんなと過しました。

我が家へ一宿一飯の彼女の今は、お母さんと二人暮しになりました。お父さんは、脳梗塞の後、長いリハビリにもめげず、辛いとか痛いとか愚痴も言わず、去年、他界されたそうです。お姉さんはお嫁に行きお子さんに恵まれ、他県で暮しているそうです。お母さんと彼女はまるで、姉妹のように仲良しです。たくさん〳〵話をします。会話のキャッチボールを楽しんでいるようです。彼女は今、お母さんを一人占めです。このお二人に幸多かれと祈るばかりです。

私が小学生の頃は、先生と生徒の保護者は、あったかい関係でした。田舎ということもあったのでしょうが、道でバッタリ先生と会おうものなら、生徒の親は先生を自宅に招き入れ、お茶飲みをしながら世間話に花を咲かせたものでした。それは、私が養護学校に勤務した当初にも同じようなことがありました。家庭訪問でビールをすすめられ、夕食までいただいた男性教師もいました。私とて、家庭訪問なのに車で送迎していただいたり、お中元お歳暮までいただいておりました。暮にハムが何本も届き、苦笑したこともありました。その様な話題を職員室で教師同志が話題にしても、誰からとがめられるでもなく、その頃の親御さん達と教師の関係は、とても良好でした。両者は適度に一線を保っておりましたから、妙なトラブル等起こりませんでした。

しかし、次第に教師は保護者からの信頼を失っていくような社会状況になってゆきました。お母さん方の高学歴、考えられないほどのスピードで多くの情報を入手できる社会になってきたことが大きな要因となっていることは否めません。同時に日本人の誇るべき〝人情〟も崩れてゆくのは仕方のない時代の流れなのでしょうか。

対照的な二人

対照的な春ちゃん、秋ちゃん

二人は高校二年生、同じクラスの自閉症の女子学生です。言葉の表現が難しいですが、素直に私は自閉症の子ども達が大好きです。

ある年、私は二人の担任になり、二人が全く対照的であることをまもなく知ることとなります。

二人には言語がありませんが感嘆詞を発しながら感動や応答、呼掛けを表し自分の意志を伝えてくれます。新学期を迎え、それぞれが入学、進級をし新しいクラスが誕生します。今から二〇年ほど前のことですが、当時のクラスは生徒一〇名ほどで教師は男女一名ずつが標準的でした。又、全体的にどのクラスも圧倒的に男子学生の比率が高く、女子学生は数名の割合でした。

新学期から少し経つと、登校後「制服から体操服への着替」を行います。この着替の時間に二人は対照的な行動をとりました。仮に二人の名を春ちゃん、秋ちゃんとしましょう。着替室に入り、春ちゃんの方は一人でどんどん制服を脱ぎ、あっという間に体操着に着替えてしまいます。その間、秋ちゃんはずっとジュウタンの上に座ったままです。部屋から出てゆきたがっている春ちゃんに〝待っててね〟と言葉掛けをしながら、秋ちゃんを促します。秋ちゃんは一人で着替えられないのではありません。とても器用な女性です。但し、マイペースなだけなのです。器用なのに横着な面もあり、自分で出来る事も人の手を借りようとします。賢く憎めない愛敬者です。

学校では、一学期に家庭訪問を行います。私は、この対照的な二人の、特にお母さんと娘の家庭生活を、訪問前にある程度おしはかってしまいました。実際、思った通りでした。春ちゃん、お母さんと私は一緒に春ちゃんの家に向かいました。家に着くと春ちゃんは直に制服を脱ぎ私服に着替えました。そして休む間もなく春ちゃんは、今日着た体操着を袋から取り出し洗濯機に洗剤を入れスイッチオン、あっという間の一連の行動でした。訪問の中でお母さんは「普通の子どもとして育てました。自分で何でも出来るように、生理になり、どんなに汚し失敗しても自分で処理できるまで教えた…」等々、話して下さいました。お母さんは、この子は必ず出来るようになると信じて、めげそうになる気持ちを励まして諦めないで春ちゃんに向き続けた、その結果春ちゃんは、ほとんどの事が自分で出来るようになりました。帰りに最寄りのバス停迄私をお母さんは送って下さいましたが、その間春ちゃんは夕飯のお米をといでいたと後日話して下さいました。実は、春ちゃんは少しせっかちなのです。早く夕食を食べたかったのか、いつもの時間にお母さんが夕食の仕度を始めなかった為か定かではありませんが、私の家庭訪問のせいで、その日の日課が狂ったことに違いありません。春ちゃんは賢い!!

　さて、秋ちゃんの方は、家に着き、リビングに入るや否や制服を脱ぎ捨てながら台所の方へ歩いてゆきます。その後をお母さんは制服を一つひとつ拾いながら追います。早速秋ちゃんは口に指を当てオヤツの催促をします。お母さんは秋ちゃんの願いのまま動きます。秋ちゃんが可愛くて〳〵望むことなら何でも叶えてあげたいといった感じでした。ご家庭は商売をしておられ、みなさん大変忙しい日常でしたが、秋ちゃんの家族は温かくみんなから愛される存在でした。唯一つ心配だったことは、秋ちゃの体重がどんどん増え肥満体になっていったことでした。けれど近年情報では、お母さんのご努力のお陰で秋ちゃんは以前の姿に戻ったそうです。この二人は実に対照的でしたが、春ちゃん、秋ちゃん、どちらも私は大好きでした。

私が、この二人の母親だったとしたら、どちらのタイプかなと想像したりもしました。きっと、後者秋ちゃんのお母さんの方だと思います。

我が子が障碍を持って生まれた宿命と、どう向き合うか、この子のハンディキャップを私が全身全霊で寄り添い補ってゆくか、はたまた、私の方が先に逝くのだから、この子自身が生きてゆくのに困らないように、日常生活でのあれこれを辛抱強く教え続け、色んな事を体得していって欲しいと願う。両者共、ごくごく自然な母親の姿であり、前者は私の育ってきた時代の、後者は日本が豊かになってきた頃からの傾向のように思えてなりません。幸いにして、春ちゃんも秋ちゃんもみんなから愛される要素をたくさん持っています。みんなから愛されることはこれから生きてゆく上で一番大切なことだと思います。二人共おかあさんから惜しみ無い愛を受け、愛を学んだのでしょう。

只言えるのは、子育ての過程により大人になってからその育ちの表れ方は、大きく違ってくる事は明らかです。どちらが間違っているという事ではありません。母親とて、持って生まれた資質で子育てをするものだと改めて納得したものです。

私を追いかけて来て〜!!

彼女は高校二年生、一見普通の女子高校生です。外見は可愛く少し話をした位では「どうして養護学校に通うの？」と思うほどでした。彼女は小学校の大事な時期にあまり学校に通っていません。母親が家出を繰り返していたからです。父親と妹と三人の生活が続きました。妹は、小学校高学年になると化粧をし煙草を吸い、異性を求め、母親のように家を空けるようになりました。元来、優しく真面目な彼女は、病弱な父親を心理的に支え、寄り添っていました。学校に通わないということは、智を学ぶことが出来ません。彼女は正に智がかけ落ちていました。しかも母親から自分の願うような愛すら受けていませんでした。彼女を知るにつれ、学校に居る時だけでも私は、母親のかわりになりたいと強く思うようになりました。

少しクラスに慣れた頃、給食の時間、特に彼女は担任の気を引く行動をとるようになりました。とにかく食事に手をつけないのです。クラスには、何名も食事介助を要する生徒がいます。一人で食べるのが難しい生徒の隣に座り、面倒を見ている先生達を彼女は見ています。勿論彼女は一人で食べられます。けれども「先生、私の隣に座って食べて…」私の事を見ていてサインが食べないという形でしか彼女は表わせなかったのです。しばらくすると、毎回給食には手をつけず教室を出てゆきました。我々担任は、他の生徒を置いて追いかけるわけにはゆきません。だいたいみんなが食べ終った頃、彼女を探しに行き、調理準備室で、先生と二人で向き合い食べるようになりました。昼休みに担任を独占し、その時間だけはきっと満足していたことでしょう。切ない切ない彼女らしいアピールでした。

私と彼女の一番の大きな接点は、遠足で動物園に行った時の事です。お弁当の時間になって、各々のクラスでまとまりレジャーシートを広げ、お母さん自慢の手作り弁当に嬉しそうな表情をしている生徒から少し離れた木の陰に隠れるように彼女が座っているのが見えました。みんなに背を向け、菓子パンを食べていました。私ははっとして彼女の傍に行き、自分のお弁当を半分フタに乗せ彼女に差し出し言いました。「次からお弁当の必要な時は、先生が二人分作ってくるからね。料理はあまり上手じゃないけどね…」と話しました。

この事があってから、彼女は少しずつ私に心を開いてくれたような気がします。生きる源でもある食べ物の力は本当に大きいです。一番残念で口惜しいのは、彼女は〝おふくろの味〟を知らないことです（大人になり、反社会的行動に走る人達の多くは、おふくろの味を知らないと、現実に見聞きしましたから）。お料理の上手下手ではありません。手作りのお母さんの味がどれほど子どもの心を豊かに幸せにするかということを、彼女の一連の行動から改めて思い知りました。

この出来事以後も、詳細を述べれば、たくさんの問題が起こりました。彼女は現在二〇代後半になりました。年に数回私とデートします。豪華なことは出来ませんが、彼女と私の好物であるお寿司を食べ（回転寿司ですが）、カラオケに行ったり、ショッピング、名所を見に行ったりしています。家に泊めてあげたいと思う気持ちはありますが、ずっとそうしてはあげられない程私は年老いてきました。彼女の期待に私が応えられなくなった時、彼女が不安定になってゆくことを少しでも避けなければ、再び彼女の心は壊れてしまうでしょう。どこかで気持ちの切りかえが必要だといつも心してつき合うようにしています。今、私に出来ることだけ、そして、彼女がそれで少しでも心が穏やかになれますようにと願ってこれからも、デートの誘いは受けて楽しく遊びたいと思っています。

世のお母様方、手作り料理に優るものはありません。親子で一緒にお料理するのもお子さんのハートをしっかりつかむチャンスでもあります。まあ時々、めんどうな時はお惣菜を買ってくるのもよし、外食やパパにお願いしたりで、切り抜けましょう。

他にひとつ、ご主人とケンカをした時、お子さんを叱りすぎた時は、それぞれの好物を手作りすれば、間違いなく自然に許し合えると聞きました。ご参考までに。

以前彼女は、生きていることを確かめるかのように、自分の手首をフォークで傷つけていました。しかし幸いにもその傷跡は、今ではアトピー湿疹のように見えほっとしています。

そして、現在は恋人が出来、とても落ち着き穏やかな表情になりました。嬉しいうれしい報告です。

障碍の重さ

自閉的傾向

ひと言で障碍といっても、重度から軽度まであります。肢体不自由児、知的障碍児、広汎性発達障碍児等の診断名があります。近年広汎性発達障碍の中には、アスペルガー症候群、高機能自閉症、自閉症とどちらも、自閉症のひとつの表れ方をさす診断名で、それぞれの特徴をより解りやすくしています。私が初めて養護学校に勤務していた頃は「自閉的傾向」という表現がほとんどでした。現在のように障碍を二つ以上重複している生徒も知る限り少なかったです。私が肢体不自由児と共に過した期間はあまり長くありません。学校で非常勤講師をしていた時、地域作業所でも非常勤形態で同時に働いていました。そこにはかなりの数の車椅子で活動している若い青年達がいました。それまで私は車椅子の介助をしたことがありませんでしたので、慣れるのに大変な思いをしました。坂道、足場の悪い道、狭い道、側構のすき間ではタイヤを落したり、難しい角を曲るのにもオタオタしてばかりでした。ここでの経験は、後になって母の車椅子を扱うのに安心して押せました。一番情けなかった事は、トイレ介助です。最初は介助に慣れていませんでしたので、他の職員が一緒に行ってくれました。所員さんの上半身と下半身をかかえ、二人で息を合わせ持ち上げ、便座に移動させます。私は力加減が分らず力まかせに所員さんを抱えた為、数日後には筋肉痛と腰痛に悩まされました。又そこには全身が麻痺し年齢を重ねる度に可動域が減少してゆく所員さんもいました。言語がなく、長い棒を口にくわえ、手元のテーブルに置かれた「あいうえおのひら仮名の文字」を一字ずつ示しながら、職員と会話をする青年もいました。この青年とは、あっという間に仲よくなりましたが、私が勤めていた期間中に他界しました。日中一緒に活動した青年がその夜に逝ってしまった…とてもとても複雑な思いの残る別れでした。

肢体不自由児の場合

肢体不自由児の学校には、管を通し流動食しか食べられない生徒がいます。学校に通える生徒の陰で、医療センターにも入れず、自宅で寝たっきりの生徒もいます。そのような生徒には訪問部の先生が定期的にご自宅に行き、親御さんと話します。私も一度だけ担任の先生について訪問させていただいたことがあります。高校生の女子生徒でした。彼女は掛け布団の下にドーム型のリヒカをつけていました。布団の重みで骨が折れないよう保護する為のものです。担任の先生は彼女を自分のヒザの上に抱き上げ話しかけます。しばらくして「私も抱きたいです」と言いますと、「抱き方をまちがえると骨折するので、やめた方がいい」と言われました。

そこに年の離れた小学生の弟君が学校から帰宅し、お母さんは弟君がずっとガマンをしながら一緒に暮らしていると話して下さいました。お姉ちゃんの病状が度々急変し、夜中だろうとなんだろうと、病院にかけつけなければならず、その度に弟くんは、枕元に常備したリュックを背負い、一緒に病院に行くそうです。ご主人は仕事が忙しく当てにはならないそうです。弟君は、まだ小学校の低学年でしたが、おとなしく賢そうにお母さんの話を聞いていました。その時、この男の子は、どんな大人になるんだろうな…と私は考えていました。

障碍をもっている人たちといっしょに生きてゆくには

目の不自由な人は白い杖をついて歩いていらっしゃいます。耳の不自由な人は手話で伝達します。歩行の困難な人は車椅子を利用します。いずれの方も他者から視覚的に理解しやすいです。重度の方には、介助者が傍にいて力になります。しかし、知的障碍児、発達障碍児への理解者は残念ながらとても少ないです。

日本はいつの間にか他人との関わりを持ちたくないし、他人に干渉されるのも嫌がる傾向の人が多くなりました。親子やきょうだいの形態も変ってきました。劣悪な方向に陥っている中で、障碍児の重度重複化、発達障碍児の驚くほどの増加率に、今一度しっかり現実に目を向けなければなりません。

　障碍を持っている人達と一緒に生きてゆくには、その人達を〝知る〟ことからしか始まりません。電車の中で、大声を出し周りの乗客をビックリさせている自閉症の青年がいると、チラチラ、ジロジロ見たり、傍から離れていく大人達。青年が騒ぐには、必ず理由があります。目の前に見えるもの聞こえるものに過剰に反応したり、何らかのきっかけで、嫌な経験がフラッシュバックしたりするのです。それらの事が自閉症の特性と知れば、場に応じた言葉かけをし、落ち着いてもらうことができます。

　何度も何度も申し上げたいことは、彼等は本当に純粋な心を持っているということです。「素直な心」は学ぶべきものがあります。彼等の特性を知らないがゆえに、彼等を傷つけていることが多いのです。

　知らないのであれば、どうぞそっとしていて欲しいです。親族の集まりで、我が子が発達障碍児であることをカミングアウト出来ず悩んでいる親御さん達もいます。血族ゆえに話せないそうです。悩んでいる人が、あの人に話を聞いてもらいたい、相談に乗ってもらいたいと思えるような大人が増えていって欲しいです。そして、障碍の軽い人ほど手厚い心配りをお願いしたいと思います。又、自閉症の人は嫌な事が忘れられないのが大きな障碍ともなっています。そんな苦しみを一人でも多くの人達に知っていただきたいです。

私、自傷行為が止められないの…

彼女と対面したのは、校内実習がまもなく始まろうとしていた時のことです。私の前で、彼女は体を左右に揺らし常動行動を取っていました。時折、左の手コンブ《しゅ》（親指下のふくらみ）を噛んでいます。手にはタコが出き、かなり盛り上がっていて痛々しい動作でした。チラッチラッと私の方を見ますが、視線は合わせてくれません。不安なんだろうな…と思いました。高校生になると卒業後の進路に向け年二回、一〜三年生まで縦割りで校内実習に臨みます。実習では数多くの作業学習を行います。農作業、木工、縫製、陶芸、印刷、洗濯、織りもの等々の作業を本格的に実習します。その中でコンクリート班は今までは男子のみで、班の歴史の中に女子の経験者は過去にありませんでした。そのコンクリート班に彼女を女性として初めて入れようとしていました。理由は数々の激しい彼女の行動を考えてのことでした。時に、ゲンコツで人をたたくことも見られましたので、トラブル発生の少ないところで、が理由だったと思います。男子ばかりの班なので、女の先生を一人付けようということになり私に声が掛りました。中・高ともなると、生徒達も大人の体になってゆきますから、先生も当然、男女で指導するというのが基本でした。

コンクリート班での実習がスタートしてまもなく、彼女のお母さんが私に会いに来られました。それなりに彼女と仲良くしていた私を見てお母さんは、「先生、どうして、こんなに難しい子とすぐに仲良くなれたんですか?」と聞かれました。「特別に、何もしていませんが、一緒にいるといつの間にか、自分の子どものように接してしまうんです」とお答えしました。実際、マンツーでいると、自分でも知らない内に自然に教師というよりは、親の心情で接してしまっていました。時々間違って「先生」でなく「ママ、お母さん、ばあば」と呼ばれたことも多くありました。むしろ私としては嬉しい表現でした。

彼女は、自閉症でしたが、お母さん方が不安症でとても個性の強い方でした。今でいうモンスターペアレンツで、先生達にとても攻撃的な言葉を浴びせかけてきました。彼女が中学生の時、特殊学級の先生から酷い扱いを受け続けたからだとおっしゃっていました。

当時はまだ自閉症児に対しての理解が養護学校より浅く、先生達も指導方針が定まっていませんでした。無理解は、子ども達の心を簡単に壊してしまいます。お母さんも過去にたくさん辛く悲しい思いをしてこられたのです。我が子の障碍をきちんと理解してもらえない、そんな時代でした。ある商売屋では自閉症の子どもを見きれないので座敷牢に閉じ込めていた親御さんもいた時代です。今でも尚、外見で理解できる身体障碍の人達に比べ、自閉症の子ども達を瞬時に見て理解して下さる方は非常に少なく、とかく偏見のまなざしで興味本位に見られがちです。驚くほど増え続けている発達障碍（アスペルガー症候群、高機能自閉症等）の子ども達の行動に眉をひそめ、排除するような言動の親御さんもみられます。発達障碍に関して、知識がない故に、不安感情が湧き起るのかも知れません。仕方ないことなのかも知れません、幼児期、自閉症の我が子を自分の子であっても受け入れられない親御さんもいるのですから。

彼女の卒業後も、この親子さん達と私の間には、強烈なエピソードが数多くありました。お母さんは若くして、ガンで他界されました。心労を人一倍強く感じられたのも病に荷担《かたん》したように思えてなりません。現在彼女は施設に入所しています。毎日、あまり変化のみられない生活の中で、落ち着いて暮していることと思います。そして安心できることは、彼女の父親と祖母が良き理解者であり、時々、彼女は我が家に外泊し、定期的に家庭の味に満足していることです。

話は前後しましたが、彼女と実習を共にするうち、彼女は自然に私に甘えてくれるようになりました。相変らず、嫌な言動をする相手には、先生とて容赦はありません。ゲンコツが飛びます。傍で見ていると、彼女の受け止め方や怒るのには理由があります（不思議なことに私には、流れ（玉）ゲンコツのみでした）。

特に、感情的に怒鳴る先生が苦手でした。自閉症の人と言葉のキャッチボールはできませんが、心を通い合わせることはとても豊かにできます。自分をそのまま受け入れてくれる人を彼等は直感的に我々より敏感に知ります。その立証の一つ、お母さんは「家以外では寝ない」とおっしゃいましたが、夏のキャンプも北海道への修学旅行でも私は彼女と一緒のお布団に入り、私の足の間に彼女の足をはさみ、添い寝しましたらすぐに寝付いてくれました。優秀な学歴の先生達は、知識は豊富です。でも、学歴と実践の難しさ、自閉症児を前に苦戦を強いられている先生方も多く見ました。ここは、普通校ではありません。ハンディキャップを持った子どもの心に寄り添わない限り、子ども達は心を開いてくれないことを体得した時期でもありました。本当に大きな学びを与えてくれた彼女でした。リラックスしている時、彼女は私の隣に座り、いつもエブリリトルシングの歌をうたってくれました。心乱れた時は〝トランポリン〟をすると安定した彼女も早三十代後半になりました。会いたいですね。

やきもちをやけば私何度だっておもらしをします!!

ご両親の愛をことのほかたくさん受け、その子は明るく愛らしく育ち高校生となりました。彼女はダウン症児ですが、自閉的傾向も多くあわせ持っておりました。かくいう私も、自分で認識しうる程自閉的傾向があるということを以前から感じておりました。これは後になって複数の心理テストで一層明らかになりました。人は誰でも様々な傾向にあるといいます。おそらく中庸であることは難しいのかも知れません。優秀な人達は、全体の一五％位ずつを占め類稀《たぐい》、広辞苑で引くと（変人）で、あとの七〇％位の人達は凡人です。これは学問に於ても心の育ちにしても同様の比率のような気がしてなりません。

自分の願うような愛情をたくさん享受して育てば、大きくなってゆくにつれ優しい大人に育つことには違いありません。しかしながら中には、我まゝな大人になってゆくことも少なくはありません。これはあくまで私の思いですが、彼女はダウン症という障碍を持ち生まれてきた故の我ままだったのかも知れません。マンツーマンで見てくれないと感じた時、彼女は故意に〝おもらし〟をします。トイレに行った直後でも、実に器用におもらしをします。した後は両足を広げますので直にわかります。おもらしは中学生の頃より始まったと聞きました。言語はあまり多くなく、本人が気になった言語は何度もオウム返しをします。その中で印象的だった言葉は〝給食なし〟でした。同じクラスの主担任がよく彼女に向かってはきかけた言葉でした。とても嫌な言葉でした。彼女のお母さんはお料理が上手で、今では珍しいことではありませんが、〝キャラ弁〟が評判で遠足などでは、先生方が彼女のお弁当を見に来たり写真を撮ったりする程でした。ダウン症の子どもたちは、太りやすい体質もあり、当時の彼女もポッチャリとしていました。よくとれば、主担任は体重増を心配して言ったのなら理解できますが、私にはからかいの言葉として響きました。食べることの大好きな彼女にとって、どれほど酷な言葉だったことでしょう。この主担任は養護学校勤務が不本意でやがて普通高校に転勤していきました。自分にとって嫌なことがあっても、その気持ちをうまく言葉にして相手に伝えられない人は障碍児に限ったことではありませんが、語いの少ない彼女にはことさら厳しいことだったと思います。彼女は私が他の生徒の面倒をみようものなら、すぐ〝おもらし〟行動を起こします。まるで〝私だけを見て!!〟と私に挑戦的に自分をアピールしてきます。これは、言葉に出して言うよりすごい事です。ある日の個人面談でお母さんは、彼女の卒業後を心配され〝おもらし〟を在学中に治したいが、どうして良いかわからないとおっしゃいました。私は、「もうすぐキャンプに行きますから、帰った時にはおそらく治っていると思います」と、お答えしました。そして一学期の後半に私達は足柄方面にキャンプに行きました。私は、彼女をマンツーマンで介助していましたから、数日間は、彼女と片時も離れることなく行動を共にしておりました。キャンプ場で彼女が頼れるのは、お母さんでもお父さんでもありません。この私だけです。そして一晩寝食を共にしました。

北風と太陽の心で

翌日の朝の散歩で私は彼女と手を繋ぎ宿泊施設の周りの森の中を歩きました。添い寝の効果は絶大です。たった一晩で、ぐっと彼女と私の距離はちぢまりました。私はゆっくりとした口調で、彼女に語りかけました。「あのね、今日からわざと〝おもらし〟した時は、自分でパンツを洗ってね。〝わざと〟じゃない時は、先生が洗うからね…」と言いました。そして、その結果はいうまでもありません。この語り掛けを機に、これまでのことがまるでウソの様におもらしはピタリと治まりました。これは一重に彼女が賢いお嬢さんだったことに他なりません、障碍を持っている子ども達は〝素直な心〟の持ち主が多いです。生きてゆく上でとても大事なこの素直な心を我々はなかなか持てないでいます。

後日、お母さんから「どうやって治したのですか?」と聞かれました。怒ることは逆効果です。話して意志の疎通が出来、短期改善されたことは、私の自信にも繋がり、嬉しい報告ができました。

〝わざと〟おもらしすることは、彼女にとっても、必ず後ろめたい気持ちがあり、そのことを怒られれば、意地になったと思います。止めたくても止められな～い。少々違う表現ですが、そのような時は〝北風と太陽〟を思い出せばいい。無理はいけません。ごくごく自然に旅人はマントをぬぎました。自発的に改善されるのが何よりの指導方法だと信じています。

大小失禁の後始末

学校で私は、比較的マンツーマンで介助を必要とする生徒との関わりが多かったので、ほゞ毎日のように生徒の〝大小便のおもらし〟の介助をしていました。あるお母さんは登校時私に子どもを手渡しながら「先生、又、一週間も便秘なので、今朝下剤を飲ませましたので、よろしく!!」と笑いながらおっしゃるのです。その女子生徒はダウン症児で肥満気味です。その日の午前中は何事も起らず給食を済ませ、トイレに行き午後からの体育授業の為、二人でグランドに向かいました。数分位経った時、彼女は両足を広げ、神妙な顔付きで立っていました。ジャージのズボンの股の部分が大きくズッシリと下がっているではないですか!!　私は急いで、彼女の手を取り校舎内のシャワーのあるトイレに向かいました。今の様に使い捨て手袋等、当時はありませんでしたから、素手での格闘が始まりました。彼女はズボンを下ろそうともせず、シャワーの下のタイルの上につっ立っています。案の定、私はたくさんのウンチを自分の手につけながら、彼女のお尻を洗い下着やズボンを洗いました。幼い子どもと違って高校生ともなれば、立派な大人の臭さと量のウンチが出ます。ましてや彼女は、一週間振りのウンチをしました。自分も子育てをして、職場では、ハンディキャップを持っている生徒の介助をするのが仕事ですから、決して嫌だと思ったことは一度もありません。しかし、この時ばかりは「下剤はお家に帰ってから飲ませて欲しいな」と思いました。

次に想い出すのも、やはりダウン症で体重が八〇キロある女子生徒のことです。高二の初夏に例年二泊三日のキャンプに行きます。もともと、ダウン症児は粘膜が弱いので、一年中鼻水を出していたり、便も緩めのお子さんが多いです。キャンプ場という環境の変化か、前の晩の食べた物のせいかはわかりませんが、彼女は、キャンプ場に着くやいなや、下痢便をしました。それから何度トイレに入ったか覚えていられない程、頻繁にトイレに通い続け下痢便をしました。毎回の量は少なく便の色は淡い黄色でした。なぜ二〇年以上も前の色のことまで覚えていたかと言うと、その日の夕食が「サフランご飯とカレーライス」だったのです。そのご飯の色を見て、「同じ色だあ〜!!」と私が言ったものですから、周りにいた先生達が「先生、それでも食べられますか?」と笑いながら言いました。もちろん、空腹には勝てません。何も考えずにいただきました。下痢便は翌日になっても続き、レクリエーション参加も出来ず、可哀相な思いをさせてしまいました。でも、嬉しいことがありました。三日目に学校に帰った時のことです。キャンプ場からのバスの帰りをお母さんが待ってくれています。全体の挨拶が終り、彼女をお母さんに手渡そうとした時のことです。お母さんが目の前に迎えに来た途端、彼女は私に抱きつきました。私に八〇キロの体重は支えきれませんから思わず私の方が彼女にしがみつきました。彼女は、私からなかなか離れません。巨大な体では自分でお尻は拭けませんから、その度に私は彼女のお尻を拭き、度々もらし汚した下着を洗う。それがキャンプでの大半の仕事でしたので、彼女とウンチを通し信頼関係が深まったのです。

他に、中でも、常に目を離せぬ程、発作の回数が多い生徒がいました。中高では基本的に女生徒は女性教師が失禁の後始末をします。発作の度に必ずオシッコを漏らす生徒もいます。発作がおさまると自分で下着を私のところに持ってくる生徒もいました。みんな、すぐに清潔にしたいのです。しかし、大小どちらをもらしていても平然と遊んでいる生徒もいました。男性教師が、たまたま出張をしていて留守の時、クラスには二人の女性教師のみ。そのような中、男子生徒の方から、ウンチの臭いがして来ました。女性二人で後始末をするしかありません。もらした事を言わず遊んでいるのに、シャワーで洗おうとすると、じっと立っていてくれません。二人がかりで、それこそ、大奮闘します。じっとしていてくれない生徒の介助の後は、自分の服にウンチがついてしまったりすることもあり、介助の難しさを知りました。

ハプニングは、本当に色々起りました。トイレで自分の出したウンチを手で握っていたり、体中にくっつけていた生徒もいて当初はビックリの連続でしたが、次第に慣れるものです。そういうことが嫌で、普通校に転勤される先生もいましたが、私は数々の経験を積んだお陰で、介助も上手になってゆきました。毎日、生徒の下の世話をさせていただいていて思っていた事は、只ひとつ、「お母さんは、毎日大変だろうな…」ということです。生徒が学校に居る時間は長くて六時間位です。他の時間はお母さんがお世話をされているのです。本当に頭の下がる思いです。

本当に楽しかった!! みんなで〜!! 親睦会へいくぞう!!

昭和の終り、私が教師になりたての頃は、学校と家庭の距離感はあまりなく、親御さん、生徒、先生達の付き合いはとても家庭的でした。後になってわかったことですが、障碍を持って生まれた子ども達にはそれがとても大切で必要だったと思います。今では、先生達もサラリーマンの形態をとり、ご家庭とも一定の距離を取らねばならなくなりました。それは、親御さんと先生の言葉のやりとりにさえ影響し、本音である程度お互いの胸の内を明かすことも難しくなりました。お互いに、変に構えてしまうのです。その結果、本来であればより手厚い教育が必要な子ども達への関わり方も以前とは違ってきました。私は、田舎育ちでしたが、小学校時代の家庭訪問の際はきまって、男の先生は我が家でお酒を飲み、食事をして帰られました。それが良いかどうか分かりませんが、先生が道を歩いていれば、近所のお母さん達は言葉かけをし、先生はその家でお茶を飲みながら世間話をされたものです。子ども心に違和感は全くありませんでした。周りの人達も同様に接していましたから。

話は戻ります。私の通っていた高等学校では、お休みを利用し、世話好きな親御さん達が親睦会の計画をたてて下さいました。遊園地、動物園、海水浴等学年の多くの親子、先生達も自分の家族の者を連れ参加しました。何をするにも、みんな純粋でしたから、心底楽しく交流できました。海水浴を終え、お風呂を利用した時、一緒にいた生徒がたまたま利用していた見ず知らずのお姉さんのシャンプーを勝手に使い、怒鳴られたこともいい想い出です。当時小学校低学年の我が娘など、お母さん方から「ちょっと、見ててね」と高校生のお姉さんをあずけられ、その頃は大いに戸惑っていました。数年経って、学校で調理教室に参加した頃には娘もしっかり生徒達と仲良しになっていました。成長が嬉しい!!
娘は道路をはさんで、養護学校の隣の小学校に通っていましたが、障碍を持った子ども達との交流は、その頃にはありませんでした。彼等を知り受け入れ、これから大人になって、社会で共に生きてゆく大切な学びを共にさせていただきました。本当に有りがたい経験です。我が家にも、何人か遊びに来てくれ、娘も一緒にワープロをしたりしていました。それでも、鼻クソをほった手でワープロを打つのは苦手だったようで、私に言いました。鼻クソは味があると養護教諭の先生が言っていたのを思い出し娘に言うと「あ～、だから食べるんだぁ～」と言いました。自閉症の強い女生徒のクセでもありましたが、娘にとってはこれも未知の世界の出来事で、以後数々の不思議な行動にも動じなくなりました。知らないことは、ある意味不幸な事柄に出会うこともあります。ハンディキャップを持った子ども達の特性を知り、これから社会で一緒に生きてゆく、素晴らしい出会いの場を提供できたことは、娘にとっても、私にとっても貴重な経験になりました。

思い起こせば、娘がまだ幼少の頃、近所の公園で遊んでいた時のことです。その日は養護学校の小学生も先生と一緒に遊びに来ていました。娘はお菓子の入った小袋を手に持っていましたが、何も言わず一人の女の子が娘の所へ近づいて来てその袋を取り上げ、中のお菓子をムシャムシャ食べてしまいました。また、目の前の砂場では真ん中に座り込み、お小水をしています。先生達は、あわてて対処していました。以前にも、裸足で学校から逃走して来た男の子に娘は乗っていた三輪車を取られ、ベソをかいたこともあります。間もなく男の子はトランシーバーを手に捜索していた先生達に発見され、短いバカンスで連れ帰られました。何かある度、娘は怖いというより、あっけにとられた様な表情をしていました。幼かったからかも知れません。我が家の近所で起った一連の彼等の行動を見ていて、もっとこの子ども達の事を知りたいと、その頃から思っていたことが、やがて、養護学校勤務という形で実現したのです。この道がすでに待ち受けてくれていたのです。これが私の運命なんだよと思えたほどでした。

みんなで、親睦を深めることは、深く揺らがない信頼関係をお互いに構築してゆきます。無論、親睦会の盛んだった頃は、毎年職員旅行も行っていました。その頃の職員の精神は健康で現在のように精神疾患の先生も見られませんでした。心を病んでいる先生方が年々増加していることは大きな社会問題になっています。学校とご家庭の有り形を問う前に、ハンディキャップを持った子ども達に何が一番大切なことか考えれば答えは明らかです。細かい規則規律ばかりに目がいくと、一番大切な部分は見えなくなってしまいます。とても残念で哀しいことです。何も出来なくとも、私は今、目の前にいる人達を大切にしたいと思います。

教師の暴力

ドキッとする言葉「暴力」、無法で乱暴な行為をふるうことです。幼少期私が通った小学校では、授業が始まる前に〃皮のムチ〃を手に毎日教室に入っていく先生がいました。まるでアニメの「トムソーヤの冒険」に登場し、やんちゃなトムソーヤのお尻をムチで叩く先生のようでした。還暦を過ぎた頃、私は法事の為生れ故郷を訪れました。生家に行くにはバス利用しかありませんでしたが、ようやく鉄道が出来楽になりました。最寄りの駅は無人駅です。その日私が駅に降りたつと、いつものように叔父が迎えに来てくれていました。駅から家が見える程の距離ですが嬉しいものです。駅構内にはボランティアの男性が一人いらっしゃいました。私がその男性の方を見ていますと、透かさず叔父は「お母さん（私の母）の教え子の〇〇さんだよ」と紹介してくれました。暫くし、その男の人のお話を聞いていましたら、「お母さんに叩かれたことがある」と言われ、私はびっくりしました。私自身、ただの一度も母に叩かれたことは記憶上ないと言いますと、その男の人は「昔の先生はみんな叩いたもんだよ、子どもは、やんちゃをして叩かれていたから、親に言いつけるようなことはしなかったし、叩かれても生徒は先生が好きだった」とおっしゃるのでした。その場で私は、今は亡き母の意外な一面を知り、その時は複雑な気持ちになったものです。私の母は定年迄小学校の教師をしており、当時は六〇人学級だったそうです。考えてみれば、私もムチを持った先生の存在を今だに覚えている程ですから、やんちゃをはたらいた生徒を先生は戒めの為に叩くという方法を取っていたのかもしれません。

しかしです。今私がお話したい「暴力」は、「支配と服従の関係」のようなものでした。養護学校が国から認可されたのは、今から三〇数年前のことです。その中でも比較的はやく創立された養護学校に私は勤めるようになり、その学校で目にしたものは「生徒への暴力」でした。「支配」という意味では昔も今も教師が生徒を指図したり、とりしまることに変わりがありませんが、それは感覚的にも違いました。もちろん、一部の教師です。生徒を私の目前でなぐったり、けったりするのです。時には、着ている体操着をつかみ、引きずり回わす、しかも二人掛りだったりします。棒や定規で叩き木製の定規が折れた時等は「今度は金の定規だ」とも言っていました。私を含め、他の先生達も見ていても誰も止められませんでした。生徒の胸座をつかみ引きずり回わし、体操着が破れた時、二人の先生は「無くしたことにしよう（体操着を）」と言いました。殴られる度に私の所に逃げてきて、しがみついてきた彼を抱きかかえながら、その場で私が体罰を止めて欲しいとお願いしても「言ってもわからない奴には、こうするしかない」と言ったような表現をしました。特にターゲットになっていた生徒は、自閉症でしかも、家に帰って話さないことがわかっている子ども達でした。職員室で、クラスの自閉症の生徒を「給食用のナベのフタでボコボコにした。力で勝っておかないとナメられる」というような事を自慢気に言っていた女性教師さえいました。教育現場に限らず〝暴力・体罰〟が社会的問題として、大きくクローズアップされ、以前よりは減少したとは思いますが、全く無くなったとはにわかには信じがたいです。それは、今だに教師が生徒を殴って怪我をさせたというニュースが繰り返しあるからです。残念でなりません。

一部の熱狂的な「格闘技」ファンの人達は、私から見れば取っ組み合いの流血騒動に、臆することなく歓喜の男たけびをあげています。あ、、このスポーツの好きな人は、闘志にもえる心が他の人達よりも強いから、自分のひいきにしている格闘家になりきったり、自分にかわって闘ってもらって満足しているんだなあと思います。持って生まれた素質もあるでしょう。弱者に対して手をあげる行為をする教師の私生活を耳にした時、いつも思いました。この体罰の中には愛情のカケラもない事を知るからです。まるで自分の日頃のウップンを晴らすように見えます。その教師が哀れに思えてなりませんでした。しかし、最初から意地悪な心を持っていたと考えたくはありません。それは一応に気の毒な問題を抱えているからです。例えば、家庭不和で崩壊寸前であったり、お子さんが非行に走っている。特にお子さんに大きな問題を抱えていて、どう対処していいかわからず困っている。アルコール依存症ではないかと思われる。不倫をしている。本当に知れば知るほど〞生々しい人間像〝に仮面をかぶっている教師が多いからです。

一般的に生徒指導の中で、先生はいじめを見ても見ぬ振りをする人は、いじめる人と同類だと諭します。ならば、立場の弱い、ましては障碍児に体罰をあたえるような現場を目撃された時は、その先生を諭していただきたいです。自分の為に立ち向かってくれたと、生徒は必ずわかります。その生徒にとって理解者の存在は絶大です。

ぼく嬉しくってもかみつきます

非常勤・臨時職は、先方の学校の要望さえあれば、数ヶ月〜一年単位で勤務します。先生方が病気、出産、事故等が主な理由で代替します。私は一五年間のうち四校に赴任しました。その中でも自宅から一番近い学校では、任期終了後も再三、再雇用していただき、通算一〇年位勤めました。その中で、生徒から〝かみつかれた〟強烈に心に残っているお話を致します。

それは、教師になって一〇年位経った三校目の赴任先の中学校一年生担当の時でした。

校長先生は、最初に雇用して下さった学校で少し前まで教頭先生をされており、この学校に校長になられ転勤されていました。すごくイケメンの校長先生ですが、とても気さくに対応して下さったので緊張することもなく面接できました。校長は「明日から勤務してもらうから、担当する生徒と一緒に、今日は給食を食べていきなさい」とおっしゃったので、そうさせていただきました。その女の子の隣に座り食事をする様子を見ていた時、突然女の子は私の方を向き、今食べた物を私の胸に嘔吐《おうと》しました。一度胃袋に入った物は、すごく臭いますが、当日は着替を持っていなかったので、そのまゝ帰りました。勤務歴一〇年以上でしたから、何が起ころうとも大抵の事では驚くこともなく、平静に行動できるようになりますから不思議なものです。そんな意味でも、私には叶った職業だったのでしょうね。翌日から私は何事もなかったように、その学校に通い始めました。

そして、まず一度目の〝かみつき事件〟です。家庭事情で施設から通っていた少年は、言語が無い自閉症です。たまにつま先立ちで歩く生徒はいましたが、少年は中国のてん足の様な足をしていました。児童施設ではバスの送迎をしています。その日の下校時の事でした。帰りのバス待ちをしていた時、少年と私は玄関前の花壇の縁に腰掛けていました。

すると少年は甘えるように、自分の頭を私の膝に乗せ幸せそうな顔をしました。そして、頬を私の膝にスリスリしていたと思っていたら突然私の右手首上を〝ガブッ!!〟と思い切り噛みました。私は言葉が出ない程の痛みで、手を見たらすごく鮮明に少年の上下の歯型が付いていました。傍にいた先生達が慌てて寄ってきて私に言いました。「直ぐに保健室に行って消毒して来た方がいいよ、この子に噛みつかれたバスの運転手さんは、数日間生死をさまよったことがあるよ」と。口腔中は、ばい菌の住処なのですね。幸い処置が早く大事にも至らず、歯型も残らずにすみました。

かみつきの前、傍で少年の様子を見ていた先生方は「やるんじゃないかなぁ~危ないなぁ~」と思ってたとのこと、私は「じゃあ、言ってくれれば良かったのに!!」と言いますと、「膝の上で幸せそうな顔をしていたからなぁ~…」と言われたので妙に納得しました。学校でも施設でも、ず~っと少年は、二四時間集団生活を強いられてします。他者からみれば、少年と私は孫とおばあちゃんのような関係、この下校時のほんのひと時の幸せなシチュエーション。この少年に、いい意味での〝えこひいき〟の大切さを教わりました。生徒から本当に色々なことを学び、それを現場で役立てる。こんなに素晴らしいことはありませんね。でも〝かみつき〟は勘弁して欲しいです。痛いなんてものじゃありません。

思い切りかむのですから。

続いて、二度目の〝かみつき事件〟です。この中学校では生徒数が一〇名に満たなくとも、先生は男女混合で三～四名の複数担任の形式をとっていました。重度重複の障碍を持った子ども達が増えていたからです。私が担当した中一のクラスにはやはり男の子が多く、帰国子女の少年少女もおりました。平成九年頃のことでした。いつもの様に週末には翌週、どの生徒に付くか、ローテーションで決めていました。次の週明けの日のこと、「朝の会（朝礼）」の始まるまで、登校した生徒達は、校庭や教室で思い思いに過ごしていました。その中の一人、外で遊んでいた少年が鼻をすすりながら涙目で室内に入って来ました。彼は言語のない自閉症で、ジャニーズの中に入れるような端正で可愛い顔立ちをしています。自閉症の子どもの中には結構高い所が好きで、こちらがハラハラドキドキするような行動をとる子どももいました。その日彼は、古タイヤを数個重ねた上で、ピョンピョン跳ねて遊んでいたと目撃していた他のクラスの先生が話してくれましたが、彼の側に先生は誰も居なかったそうです。おそらく彼は、遊んでいるうちに、タイヤから落ちたのではないかと推察しました。体をみると、幸いなことにヒザをすりむいた程度でした。彼の担当の先生が居合せなかったので私は保健室に彼をつれて行き、ヒザの消毒をしてもらいました。「もう、大丈夫よ」と言うと、彼は私の胸に顔をうずめ、小さく小さくしゃくり続けていました。そして、又突然の事です。一瞬何が起ったのか理解できませんでした。胸にズキ〜ンと大きな激痛が走りました。彼が私の胸を噛んだのです。養護教諭の先生は、以前と同じく消毒してくれました。なんと、着用していたトレーナー、下着を通して私の乳首は切れていました。敏感な所ですから痛いはずです。彼の歯は真っ白でとても丈夫そうに見えました。それからの二日間は痛みで夜、十分な睡眠がとれず、三日目に病院に行こうと思っていたところ、少しずつ痛みも軽くなりました。完治するまでかなり時間がかかったことを覚えています。私のあまりの痛がり方に、少年はどうしたらいいか戸惑っていましたが、その事件以来少年と私の距離はグ〜ンと縮まり、大の仲良しになったのは言うまでもありません。言語はなくても彼のおおよその要求は理解できましたし、意志疎通はしっかりはかれました。彼の目は本当に口ほどにその意志をあらわし、慣れてくると私をからかうような行動をとったりもしました。一番厄介だったのは、トイレ入口からニヤニヤとお小水をしながら入ってゆくことでした。すっかり彼にからかわれ、私は彼の後を追う様に雑巾掛けをし続けました。真剣に止める様に言ってもしばらく続き、あ、

〜、私は色んな意味で彼にためされているんだなあと思いました。卒業後、彼等の学年と親御さん、先生達と甲府にぶどう狩りに行きました。数年振りの再会でした。彼は少し背が伸びた位でまだまだ少年の顔立ちでした。私を見付けると、バスの隣の席に座るように指示します。お母さん、彼と私達は後部座席に並んで座りました。私のことをしっかり覚えていてくれ、当時と変らぬ対応をしてくれます。教師名利につきる瞬間でもあります。お陰で楽しい楽しい思い出の親睦会になりました。

　そうして任期終了前日、私は校長室に、お礼の挨拶に行きました。驚いたことに校長から〝乳首噛付き事件〟の話題になりました。知っていて当然のことでした。毎日、養護教諭の先生が日誌に病気や怪我を記録していたからです。かくして、大笑いの明るいお別れになりました。（校長は何でも知っている!!）

　私は外国語が全く話せません。はなから苦手意識があるからです。けれども、海外旅行に行った時、私は少しでも現地の人と触れ合いたいと思い、手振り身振りで話し掛けます。反応は様々ですが、大抵笑顔で応えてくれます。これが私の海外旅行での醍醐味でもあります。結構気持ちは通じるもので旅がより楽しくなります。生徒達からも実に多くのことをおそわりました。言語はなくても、最低限の意志の疎通がはかれることを。

卒業後のゆくえ

養護学校を卒業し社会へ巣立っていった生徒達の行方は様々です。企業へ就職、授産所、活動ホーム、地域作業所、入所施設等多岐に渡りますが、一方ではかなり狭い領域に身を置いているともいえます。

卒業後、一旦は進路先に通っていても、徐々に通う回数が減り、全く通わなくなってしまい、自宅で過すようになっても親御さんは黙認している場合も少なくありません。ニュースで聞いたことがありますが、障碍児が、渡世人に優しい言葉を掛けられ、同業の道に入ってしまった青年、売春に染まってしまった女子が増加しているとの事です。道を正すことは決して容易ではありません。まして、本人に罪悪感がなければ、更正への道のりは難しいです。その道にゆくまで、彼等は我々には、はかり知れない程のいじめや困難にあってきている場合も多いです。人は、自分を理解し受容してもらえなければ穏やかには生きてゆけません。長い間、否定や排除し続けられた人格は傷つけられたまま大人になり、初めて自分に優しい言葉掛けをしてくれたのが、その道の人達だった。みなさんは、その青年を責められますか。知的な遅れから、善悪の判断が出来なかったり、その青年の親御さんも知的障碍であったりもするのです。

知的障碍児同志の結婚もあります。私の教え子にもいます。果して生まれてくる子どもはどうなのか心配です。同じ様に障碍を持って生まれて来た生徒もいます。支援者に恵まれなければ、その子どもは施設に入所します。親が子育てをするのは難しいからです。

日本の障碍児教育や福祉はまだまだお粗末です。国が少数派弱者にもっと心を配り手厚い支援をしていただきたいです。地位や、名誉もある人物が障碍児を見て笑ったり、見下す姿に、私も幾度か遭遇したことがあります。この子ども達に人権はないのでしょうか。我が子に置きかえ考えてみて欲しいです。こんな事、あんな事がたくさんありました。校外学習や遠足で電車に乗った時の事です。何日、何時、何分に先生何名、生徒何名を引率し、御社の最後尾車両に乗りますので、当日はよろしくお願い致しますと、教師が事前に連絡し当日予定通り乗車しました。車両は空いていて人はまばらでした。そこへ私達団体が一気に入り、空いている席に次々と生徒は座りました。そして数分後電車が次の駅に着き、ドアが開いたと同時に、同じ車両に居た人達が一つ前の車両に移っていったのです。この現象は仕方ないことなのかも知れません。障碍児と関わって下さったことのある人達はみな良き理解者で援助者でもありますが、この子ども達を知らないから起った行動なのだと思います。又、電車の中でパニックを起したり、座っている乗客の人のヒザの上やご婦人のバックの上に、ヨダレをたらす生徒もいます。その様な時、人は両極端な反応をされます。生徒がたらしたヨダレを拭きながら「気にされなくていいですよ、どこに行くの?」と優しく接して下さる方もいれば、きちんと見てないからだと引率者が怒鳴られる場合もあります。また生徒がパニックを起すには必ず原因があります。私も当初、パニックを起してあばれている生徒の横を通り巻き込まれたことが、何度かありました。その時は、あちこち青アザを作り、髪の毛を抜かれたりしましたが、そのように激しい生徒が多くいるわけではなりません。心配な生徒には必ずマンツーマンで教師が付いていますし、生徒もよほどの事が起らない限り、校内と校外の場は区別できています。障碍児と全く接したこともなく、初めて養護学校に勤め初めた時は、すれ違いにツネられたり、ツツかれたりしました。私の反応を見ていたのです。やがて、私が生徒達に慣れた頃には、そのような試し行動は全く無くなりました。

相手を知り、理解し、受け入れる。これは、家庭であっても会社であっても、友人仲間であっても基本的な信頼関係の礎となるものだと確信しています。

三〇年ほど前、障碍を持って生まれる子どもは六〇〇人に一人の割合だと聞いたことがあります。現在はもっと高い確率になりました。一五年間の教師生活の中で私は、たくさんの天使達と出逢いました。

小学部一年生の時、高等部の廊下に座り込み「ばあば先生、ばあば先生‼」と連呼してくれた女の子。坊主頭で巨体の君、私を待ち伏せし突然背後から何度もおぶさって来ましたね。ばあば先生は、二度もギックリ腰になって大変でした。担任でもなく若くもない先生の所に、毎日昼休みに会いにきてくれた、生徒会長の青年、目をつむれば、溢れるほどの懐かしい顔、顔。いまでもみんな繋がっている幸せ。

III

遊戯療法ファンタジー・プレイ・ボード（ＦＰＢ）の実践を通して

のボード（台紙）上で、小動物、家具、遊具などの62個のパーツを
検査さらに治療遊具でもある。
らかじめ描かれており、子ども達は、ある一定の社会に相当する
れば移動させる子どももある。自由でのびのびとした想像的思考や
子どもたちの真の姿を明らかにし、子どもの個性を理解するのに重
現することを助けたり、心的葛藤やわだかまりを持つ子どもたちが

事例①

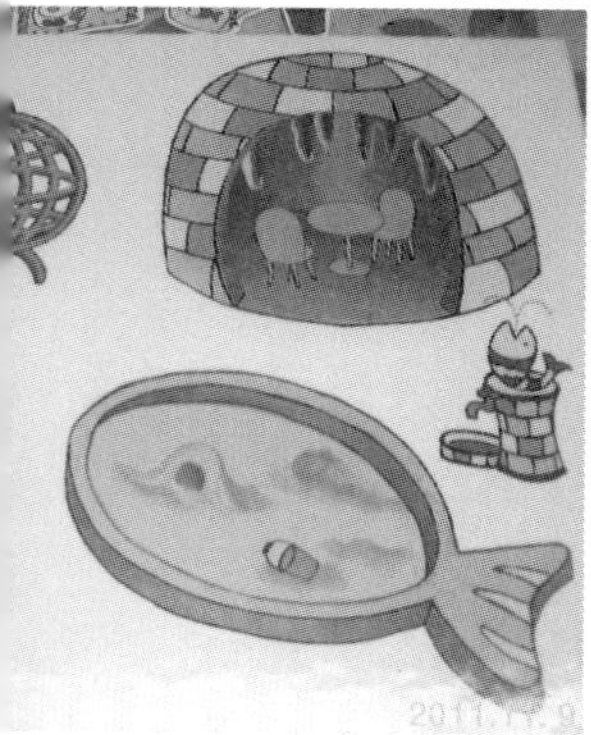

事例②

事例①②とも

（水場と砂場）

水は羊水で安全地帯、砂は湿るとやわらかくなる母子のぬくもり、温かさ、愛着の深さを示す。

その附近に全く動物がいないのは、感受性の乏しさや感情面での空虚さがあり、自分の欲求のみ押しとおそうとする。対人関係では相手に共感できない傾向、母子関係の欠乏。

（大木）

本人のエネルギー、人間の基本的なものを示す。

下の方へ置くのは抑えられている無意識。

上の方へ置くのは、衝動的・攻撃的。

※（すべり台上にうら返しに置いたハサミ）

内面でストレスを持っているが心を抑えている。刃先が水場に向いている（箱庭理論適用）。

《ファンタジー・プレイ・ボード》

子どもに空想をもたらしやすい、イラストが描かれた30cm×42
自由に置かせて遊ばせながらお話を作らせるという一種の遊具でも
そのボード上にブランコ、テーブルなど子どもの慣れ親しんだハ
ボートの中で自由に自己表現をする。パーツを置いて動かさない子
創造的行動を発揮させ展開させるように工夫して作成されている。
要な情報が得られる。子どもたちが普段意識していない内的な心の
それから解放されるチャンスを提供する遊具であります。

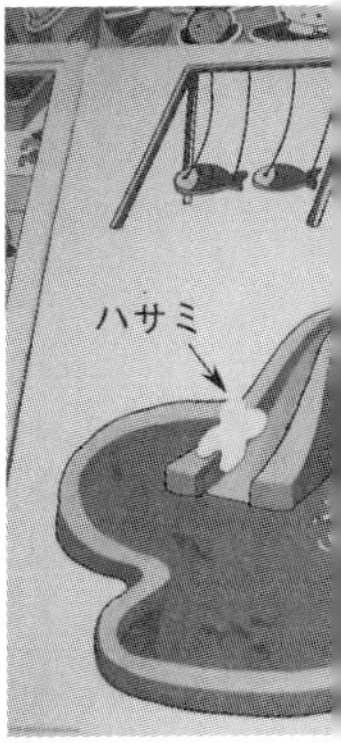

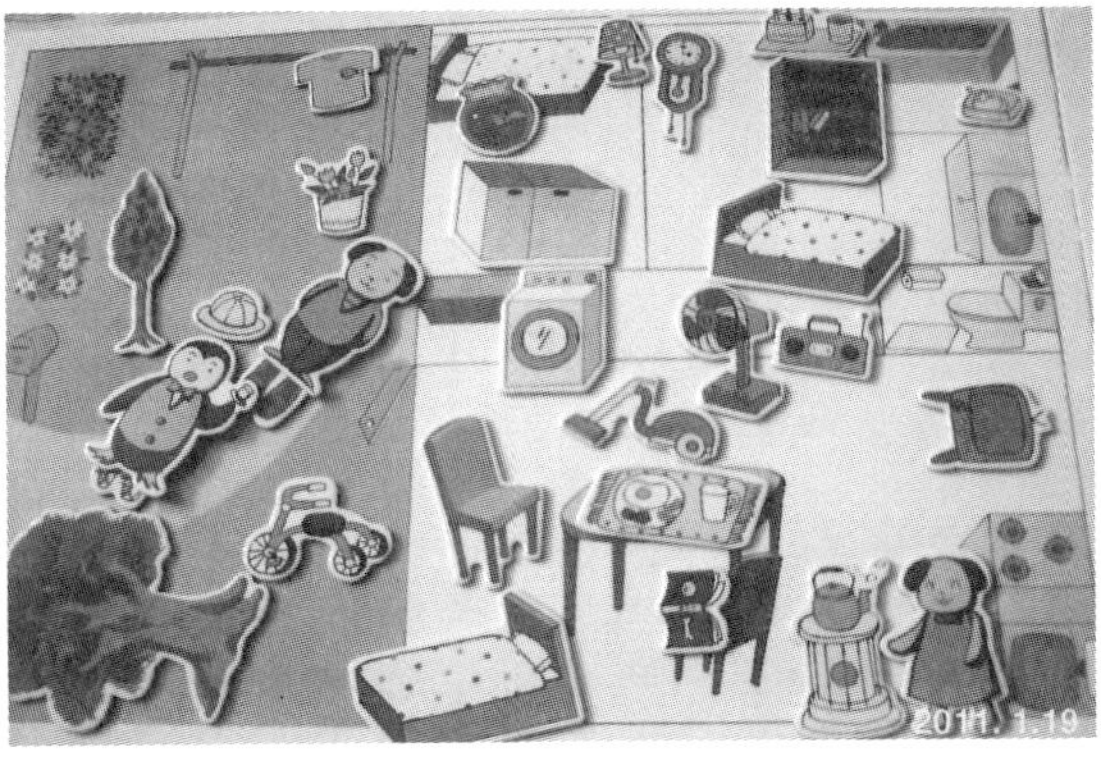

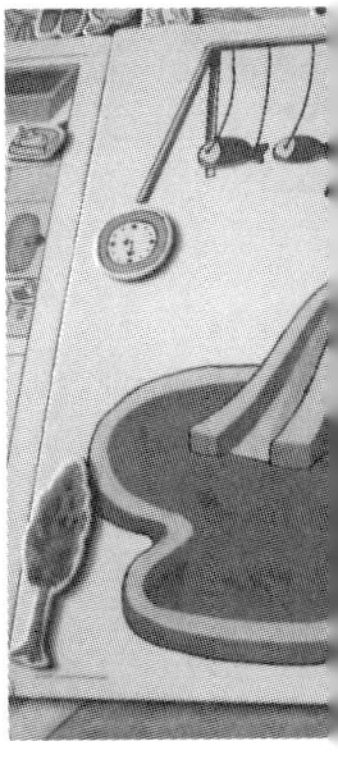

ファンタジー・プレイ・ボードとは

ファンタジー・プレイ・ボードとは、元法務省入省、少年鑑別所長奥村晋氏主催のもとに、同松本良枝氏、神奈川県周辺に仕事をもつ保育士や養護教諭の方々が、一九九六年に研究会を開催しました。ここで創案されたものを実地に幼児に試み、幼児の遊びとして、また心の査定として活用できる結果を得て、二〇〇三年に公刊されました。

（詳しくは、松本良枝著『ファンタジー・プレイ・ボードブック』北大路書房かFPBのHP（ファンタジー・プレイ・ボードで検索）をご参照ください。）

私の体験

私は、NPO法人ファミリーコンサルタント協会にて、ファンタジー・プレイ・ボードを学びインストラクターの資格を取得、その後友人の園長にお願いし、二〇〇六年に初めて園児を相手に実践させていただきました。その後、二〇～六〇代の職業もまちまちの大人一二名と、横浜市上郷・森の家で合宿し、プレイしたこともあります。又、ファミリー・コンサルタント協会から派遣され、横浜市内の保育園、幼稚園へ赴き、ファンタジー・プレイ・ボードの普及活動を奥村晋氏に付いて回りました。品川区では、区内の保育士さんの研修講師として出向いたりもしました。本格的にファンタジー・プレイ・ボードに携わったのは、平成二一年、ファミリー・コンサルタント協会のお手伝いを辞めた後の事です。

東京の職場から地元横浜市に戻り無所属になっていた私に、友人の園長先生が心理的に問題を持つ園児が増えてきているので手伝って欲しいと言われました。今から六年前、当幼稚園のお泊り保育に参加し、発達碍害児の援助、また新学期には少しの間やはり発達障碍児の援助を頼まれ園で、短期ではありましたが既に勤務経験がありました。

幼稚園に勤務して

斯くして私は、四月の新学期にあわせ、幼稚園に通うようになりました。初めてじっくり幼稚園生活に浸ってみて、驚いたことは、たくさんありました。養護学校での生徒達も多動の子ども達はいましたが、中でも四月当初、複数の新しいクラスの中の園児にはまるで〝もぐらたたき〟を連想させるような子ども達がいました。「朝の会」が始まると、クラスの先生を前にして園児達は、椅子に座ります。けれど、座って先生のお話を聞けない子どももいます。先生に座るよう促され、一旦は座りますが、すぐに立ち上がる子どもがいます。すると、一人立つと釣られてなのでしょうか次々と、五～六名が一緒に立ち上がってしまうのです。何名も立ち上がる園児のいるクラスは、少数ではありましたが、他のクラスにも他者から見れば「落ち着きのない、先生のお話を座って聞いていられない」ととられる園児も少なくはありませんでした。中には、入園する前、既に専門機関で発達障碍であると判定を受けて入園した園児もいます。親御さん側からしてみれば、この時期の多動は、〝単なるやんちゃで、元気のよい子〟と捉える方々が多くみられます。しかし、日々の送迎の中や保育参観で他の子ども達とは、少し違った行動をとる我が子を目の当《ま》りにし、〝ちょっと違うのでは？〟と気づかれる親御さんもいます。又、クラス担任の先生や園長先生との面談の中で、療育センターでの診断をすすめられ受けられる場合もあります。

発達障碍とは

発達障碍とは、知的遅れは伴なわない発達の遅れです。生まれつきの脳機能障害が原因とされていますので、現在の医学では、治すのは難しいようです。皆さんは「アスペルガー症候群、高機能広汎性発達障碍」という言葉を耳にされたことはありますか？　アスペルガー症候群が最初に世間で話題となったのは、「人を殺す体験をしてみたかった」と語った、二〇〇〇年に豊川市で起きた高校生による主婦殺人事件でした。それから、その後毎年のように重大事件が生じています。福岡でのバスジャック、岡山での金属バット母親撲殺、レッサーパンダ帽子青年による通り魔殺人、長崎の少年による幼児殺人、寝屋川での中学教師殺傷、神戸の少年による連続殺人等々の重大事件がそうです。二〇〇五年に発達障碍者支援法が成立し、これらの問題は大きく前進していますが、特にアスペルガー症候群に於ては、両親あるいは祖父母も同様の診断と考えられる者が少なくありません。そして母親が発達障碍である場合がより複雑な問題を抱えている事例が多いことも否めません。うつ病の併発も多く、虐待的（ネグレクト）な親子関係になってゆくこともあります。

早期療育の大切さ

勝れた専門家であれば、三歳を過ぎた頃に発達障碍を診断することができます。早期療育を受けた子どもの方が、そうでない子どもより、学童期におけるトラブル、青年期の精神科的合併症（統合失調症）なども生じにくいことがわかっています。少なくとも小学生の間に診断を受けることが望ましく、いじめからの保護や不登校（引き込もりに結びつきやすい）への回避となります。他者とのコミュニケーションを苦手とする彼等の苦しみは、〝過去に受けた嫌な体験〟が忘れられないのが特徴で、それらはタイムスリップによるフラッシュバックを起し、たやすく修正ができません。いかに、早期療育が大切かは言うまでもありません。集団生活の中で、冗談や比喩の理解が著しく難しいのも特徴です。ですから、人の気持ちを読んだり、人の気持ちに合わせて行動することも難しいのです。

一見すれば、〝躾《しつけ》の悪い子〟という誤解を受けてしまいがちなのが現状です。

現在、学校教師にたずねると、どのクラスにもそう疑われる生徒が在籍しているとの答えが返ってきます。保育園・幼稚園から大学生に至る迄、もはや全般的な問題になっています。発達障碍の生徒への対応は急務です。以前は、スクールカウンセラーの大半が発達障碍の知識の経験も少なく、ようやくにして国の学校教育が、気づいてくれ動き始めました。

アスペルガー症候群は自閉症のスペクトラム、連続体です。社会性、コミュニケーション、想像力の障碍のうち、コミュニケーションの部分で言語発達の遅れが少なく、知的には正常であることが多いのです。又、興味の著しい偏りや非常に不器用な者が多いことも特徴の一つです。知的な遅れのない広汎性発達障碍は高機能広汎性発達障碍と呼びます。

高機能広汎性発達障碍

これらの発達障碍は、一九九〇年代後半になってから、さまざまな地域から予想以上に多いことが報告されるようになりました。通常学級の教師を著しく困らせているのは、「学習」ではなく「集団における問題行動の多発」です。又、不登校の生徒の五割に何らかの発達障碍が認められ、その八割は高機能広汎性発達障碍と診断されています。本当に特別支援教育に国の手厚い心配りを期待してやみません。

私は、養護学校勤務時代、ほゞ中・高等学校で勤務しており、小学部での経験は、手伝い程度の僅かの期間しかありませんでした。教師歴の最後に初めての幼稚園で出会った園児達の中に、かなりの多動児がいることを知りました。多動児の多くは、高機能広汎性発達障碍だそうですが、アスペルガー症候群に於ても同様に感じられました。やはり、自閉症の連続体であることに違いありません。年間、八〇～一〇〇名ずつ増え続けていることも報告されています。言葉の遅れがないために健診などでチェックを受けずに通過することが多かったと言われています。

発達障碍児が在籍しているクラスに入って見ていると、集団行動が著しく苦手で、みんなと一緒に動くことができません。もちろん、先生の指示も耳に入りにくく、自分の興味のあるものを見つけると熱中し、いわゆる自分の世界に入ってしまいます。多くの場合、数字・車・電車・バスの種類、地図、国旗等を特に好みます。

幼稚園で以前私が担当した一対一対応を要した男の子は、とても過敏性でした。後に、アスペルガー症候群と診断されました。本児にとってみれば、それは当たり前のことですが、これがオッケーでこれはＮＧなの？　という矛盾も多くみられます。水遊びが大好きで体操着をビショビショにしても平気ですが、手に少し砂が付いても払いのける程の過敏性でした。過敏性は、食べ物に於ても顕著にあらわれ、野菜は食べません。おそらくボソボソの食感が嫌なのだと思います。給食が苦手でしたので、後半はお母さんの手作り弁当で問題は解決しました。幼稚園という家族以外の初めての社会集団に入り、男の子は何をしてよいのかわからず多動になってしまいました。集団参加がある程度、出来るようになるには、個人差もありますが、会話も増え大方年長位になると落ち着くものです。この男の子と私の関わりをお伝えするには、一言では言えませんので、本題に戻ります。

ＦＰＢのベース「箱庭療法」

私が幼稚園で、ファンタジー・プレイ・ボード（略してＦＰＢ）を実施した対象園児の中には、発達障碍児だけではありません。他には、延長保育を余儀なくされている（現在全園児の五分の一）特に淋しがり屋の園児（多くは自分の方を見て見て行動をする）や、今だ指しゃぶり、性器いじり、チック症状（自分を慰める行為等）をしている園児、他の園児を人のみていない所でいじめたり、暴言をはく、担任の先生を一人占めしようとする、いたずらばかりする、母親に非常に口うるさく管理されている等々、クラスの中で孤立しがちな子ども達の心の援助をファンタジー・プレイ・ボードを用い実践してきました。ＦＰＢのベースとなっている箱庭療法は、この自己の象徴的表現が生じやすいように砂や玩具を用意してセラピストがクライアントの制作を共感的に味わったり解釈したりします。無意識から生ずる自己表象は、自由な発想と制作への没頭が必要です。そういう意味で、ＦＰＢは箱庭療法の理念に沿った素晴らしい幼児用遊具といえます。子どもの心の奥底にある、不快な感情をプレイする中で開示した時、心の浄化がなされます。

プレイは、静かな場所で実施者と子どものマンツーマンで行うことが大切です。あくまで治療が目的ですので、子どものペースと意思で行い、無理強いはいけません。プレイ中、しゃべりながら行うことで、より治療効果は高まりますが、多くの子ども達は初回からはほとんどしゃべってはくれません。心の中にストレスを持っているのですから当然のことでしょう。一人ひとりの困り事が違い単純にひとくくりはできないでしょうが、私がほんのひと言の言葉かけをするだけで、押え込んでいたものが溢れるように話し出してくれる園児がほとんどでした。本当に笑える、おばあちゃんから孫への言葉掛けです。「今日は、寒いよねぇ、ばあばは、寒くって鼻水がでちゃう」「可愛いいレッグウォーマーね、あったかいでしょ」「朝、何を食べてきた？　ばあばはヨーグルトとリンゴを食べたよ」等、日常の会話です。全く話してくれない子ども達は、私から何か話すのをまるで待っていてくれたかのように話し出してくれます。次第に家庭生活が垣間見られるような言葉も飛び出します。「ママは、モバゲーばっかりやっている」「ママは怒ってばかりいる」「おじいちゃん家に遊びにいくんだぁ～♪」「ぼくは赤ちゃんの面倒ばかり見てる」「お父さんは優しいよ、二人で公園に行ったよ」「ベランダで三輪車に乗ってるよ」。みんな次から次へと話してくれるようになり、やがて笑い声も聞こえてきます。大人同志でも気の合う者同志でなければ、会話は弾まないでしょう。いい感じでプレイはスタートしてゆきます。

親子の会話はキャッチボールで

しかし、親子の場合は、親は子どもに対して多くの場合〝指示・命令系の言葉かけ〟をしてしまいがちになります。いわゆる〝会話がドッチボール状態〟になるわけです。しかし、出来うる限り親が子どもの話を聴く姿勢を持つだけで〝会話はキャッチボール〟に楽しくなるものです。口で言うのは簡単ですが、では親御さんにドッチボールされて育った子どもが親になった時はどうでしょうか、「お母さんは、こう思う、こうしたいのだけど、あなたはどうしたいの?」と聞けばいいものも、「いい、わかった! こうしなさい! あゝしなさい!」と言ってしまいます。これって無意識発言です。そして、究極の一番多いママの言葉は、「ダメ〜!!」と「早くしなさい!!」「何してるのよ!!」の否定と禁止の言葉の数々です。町中やスーパーで子ども連れのママの実に多くが発している言葉です。特に「ダメ!!」という言葉に、私はいつも反応してしまいます。

フロイトのことばより

精神分析学者フロイトは、「人間の心は、動物のように、ただその瞬間瞬間を生きるものではない〝生まれた時からの記憶を積み重ねながら、その上に《現在の自分》を営む《歴史的な存在》であること」を明らかにしました。さらにフロイトは、心の中に意識・無意識・前意識という三つの空間を区別し、さらに自我・超自我・エスからなる心的構造を想定し、いくつかの本能衝動のエネルギーの量やベクトルで人間心理を説明しました。はじめて「心の科学」を考案し、無機物と同じように心を測定しようとした画期的な功績者です。

気をつけたい「上から目線のことば」

我が娘がまだ幼い頃の話です。娘は同じ歳頃の子ども達数人と家の前の道路で遊んでいました。「電車ごっこ」だったような、記憶は定かではありませんが、その子ども達の会話を近所のおじさんが聞いていて、後日私はおじさんからドキッとするような言葉を耳にしました。日頃の私と同じような口調で娘がお友達に言葉掛けをしていたとおっしゃったのです。思わず心の中が赤面したのを覚えています。自分の弱点、欠点はしっかり娘に受け繋がれていることは事実で、「あ〜、自分の娘故に、こんなところ似てほしくないなぁ〜」と、思い当ることが、それまでにも何度もありました。娘にとってみれば正に、フロイトの〝生まれた時からの記憶を積み重ねながら無意識に〟発した言葉だったと思います。私もそうです。子ども心に母の発する数々のストレートな言葉を嫌だなぁ〜と幾度も思いながら育ちました。母は小学校の教師を師範を出てから定年まで勤めあげました。大正生れの母の時代、故郷の田舎では教師は聖職者と崇められておりました。現代の人から見れば単純に〝上から目線〟で物を言う人と思われるに違いありません。我が子の私に対してでさえ、母にお伺いをたてた返答ひとつとっても、「よろしい（イエス）」です。この「よろしい」と言う言葉は、母は他界するまで、私が還暦になっても変らず遣っておりました。生前母がお風呂に入っている時、私が湯加減をたずねると、お風呂の中から「よろしい!!」と母の声が聞えてきたものでした。今となっては、懐しい言葉のひとつです。母からの嫌なことばの一つでしたのに、懐しいと思える自分の成長が微笑ましいです。

その母の嫌だなぁ～と思っていた〝上から目線〟の言葉を私も遣うようになっていました。それは、養護学校に勤務して間もなくして自分で気付きました。生徒に対し、私も母と同じような言葉の数々を遣い始めていました。生徒が危ない行動をしている時等は自然と〝指示・命令系〟の言葉かけをしてしまいます。ある日、生徒のお母さんから私に「先生、うちの子どもに敬称はないの？」と言われました。「？」何を言われているのか最初わかりませんでした。そうです、「さんとか、くんとか、ちゃん」を付けず呼びすてで、生徒の名前を呼んでいたのをあるお母さんに聞かれてしまったのです。そのお母さんは、ご自分のお子さんを呼ぶ時「〇〇ちゃん」と言っておられました。私は、「みんな、自分の子どものように思えて、呼びすてになってしまいました」とお詫びしました。お母さんは私の事を「体当りで生徒と向き合っている」と言って下さり、怒っておっしゃったのではなく、ほっとしました。母のように〝上から目線〟の言葉は言いましたが、〝よろしい〟だけは遣ったことがありません。反面教師です。私にとっては、よほど嫌な言葉だったのかもしれません。

大好きだったおばあちゃん

今、思うにつけ、唯一救われていたのは〝祖母、私の大好きなほんとうに大好きなおばあちゃん〟の存在でした。祖母は心の強い優しい女性でした。誰をモデリングにして生きたいとたずねられれば、迷わず「おばあちゃん」と答えます。声を荒げたり、指示、命令も一切ありませんでした。働く母にかわって、家事一切を引き受け、孫の面倒をみてくれました。授業参観だっておばあちゃんです。入学式の集合写真にもおばあちゃんが写っています。映画、花火、お神楽を観に行く時もおばあちゃんと一緒です。学校から帰ると、私はすぐにおばあちゃんの傍に行き、何も言われなくても自分で出来る範囲内の手伝いを、毎日毎日しました。とにかくおばあちゃんの傍にいられるのが、とても幸せでした。同じ位の子どもと遊びたいとあまり思ったことがありませんでした。今考えてみると健全な姿ではありませんね。

母と祖母の決定的に違う面は、口数です。おしゃべりな母の相手を祖母は余計な言葉もはさまずいつも聴き役に徹していました。資質だって、母は感情をストレートにあらわす人、祖母は穏やかで物静かな人でした。私は、幼少期、行商人のおばさんから「この子は、唖《おし》かい？」と言われるほどシャイだったそうです。小学生の頃、ベラベラと祖母に話しかけた記憶はありませんが、心がかよい合っていたことだけは確かです。残念ながら祖母の臨終には、あえませんでしたが、祖母の最期の言葉は、「私のことが可愛いい」と実の娘の母に向かって言い、静かに逝ったそうです。

おばあちゃんから学んだ「聴く心」

フロイトの「生まれた時からの記憶を積み重ねながら、その上に《現在の自分》を営む」のであれば、私は、祖母と母との関わりの中からの記憶を積み重ねながら生きてきたに違いありません。養護学校に勤務していた時、実に多くのお母さん方のグチや悩みを、ただひたすらに聴いていました。「先生には、何でもしゃべれる。こんな話今迄誰にも話したことがないです。どうしてしゃべったんだろう…」等々よく言われました。これは、きっと祖母から学んだ聴く心だったのでしょう。体当りで生徒と関わるのは、母から学んだのだと思います。母は授業中、寝ている子どもに注意せず、そっと寝かせていたそうです。色々事情があってのことだからと。私も養護学校では、他の子どもと違うことをする子どもに対しても、必ず理由があると思って生徒と向き合うように心掛け、接しました。ですから、イライラ怒ったり、泣いたり、カミついたり、ぶったり、逃げたり、大パニックを起す障碍児を怖いと思ったことは一度もありませんでした。いつしか、この子たちと一緒にいられる仕事は、天職だとさえ思えるようになっていました。長年に渡り、子どもたちとその親御さんたちから、たくさんの〝愛〟をいただきました。恩返し出来ないほどの〝愛〟、養護学校で働き、学び体得した数々の幸せな事柄は、私の人生観をも変えました。残りの人生に目的が持てるようになりました。これってすごいことです。まっすぐで素直ゆえに、傷つきやすい子ども達、日本は少数派の障碍児に優しい社会ではありません。子ども達と向き合えば解り合えるのに〝外見〟だけで判断するのは大人達です。それは、その子どもを知らないからです。仕方ないと言ってしまいたくない心情です。その子どもをよく知らないから、見た目だけで、「あの子は、こういう子ども」と言ったり固定観念を持ってしまいがちです。

心身健康な子どもの姿

それは、健常児であろうと障碍児であろうと、世の子ども達に共通して言えることです。ある事例ですが、幼稚園に入園して間もない時期、緊張感もなく、教室の床にダラダラと寝ころがり、無気力きわまりなく、口に出てくる言葉は「疲れた、疲れた」とネガティヴな言葉ばかり言う男の子がいました。それこそ一見すれば、なんて子どもらしくない無気力で可愛げのない子どもと思われることでしょう。園でダラダラしているということは、家庭内でリラックスできていない証です。そこで家庭での様子を担任に聞きましたら、その男の子は週のほとんどを習い事に通っているとのことでした。文武両道の習い事で毎日毎日、本児の意志でなく親御さんの言われるままに行動している、なんて気の毒な事かと思いました。その上、男の子は全ての習い事が「嫌」ではないと言っていました。

この発言に男の子の心がみてとれました。ひとつの習い事にも文句も言わない、その心の奥底にあるものは「お母さんの怒る顔を見たくない、いつもお母さんの笑顔を見ていたい」これが本音であると思いました。子どもらしさいっぱいのやんちゃな時期、お友達と会える楽しみで登園している多くの子ども達の中で、その男の子の姿は異様でした。体と心に負担を感じている多くの習い事を続けていれば、当然どこかで素の自分を出しリラックスしなければやっていられないでしょう。人は、楽しいことをして充実した後の疲れは、翌日には大抵元気に戻れています。我が子の精神が弱まるほどの多くの習い事を行わせている親御さん、きっとご自身は不安な子育てをしていらっしゃるのでしょう、他者に委ねて安心する、実に安易な発想だと思われますが、この親御さんは、ご自分ではそのことに気づいてはいられないと思います。

ＦＰＢのたしかな効果

やがて、この男の子の担任から、ＦＰＢの依頼を受けました。当初男の子は、床にゴロ寝したままかたくなで私の誘いにもすぐには乗ってくれませんでした。けれど幸いなことに男の子と同じクラスの女の子の一人が毎週ＦＰＢを行っており（本人の意志です）、女の子が行っているのを「やらなくていいから、見るだけ見てみようか？」と、私は男の子の隣に寝ころがり目線を合わせながら彼に言いましたら、すんなりついてきてくれました。プレイする部屋の椅子に座り、私が用意したＦＰＢを前に、女の子がプレイを始めようとした途端、驚きました。なんと、男の子は自ら、目の前に並べてあるパーツを手に取り、ボード上にそれらを置き始めました。女の子は、その男の子の行動をとがめるでもなく、淡々と自分もプレイしていました。二人は思い思いにプレイを進めました。女の子のプレイは通常一五分以内で終ります。短時間で治療効果があらわれるのは、自ら治療できたことが解るからです。女の子は、毎回、自分がすっきりした時点で、「終りにする」と言います。毎週毎週「やりたい」と要求するのは、プレイすることにより、気持ちがすっきりする手応えを知ったからです。この女の子は親御さんから虐待を受けています。けれど私の前では物怖じせず臆することのない表情、言葉つきで私は救われる思いでした。笑顔は少なく淡々とプレイしていましたが、回を重ねるごとに、心を開いてくれるようになり、自分の方から私に話しかけてくれるまでになりました。それは本当にほんとうに嬉しい瞬間です。心が穏やかで、いわゆる普通に育っている子ども達は、不思議なことにＦＰ

Bにあまり関心を持ちません。このストレスの塊のような男の子は女の子がプレイを始めてすぐに、ＦＰＢに強い興味を持ち、ごくごく自然に自らパーツを手に取ったのです。ボード上に、まるで自分の居場所が出来たかのように、真剣そのものの瞳をしていました。この男の子が一つの事に集中し取り組めたことは、本当に素晴らしいことでした。

秋の運動会で、この男の子は「かけっこで一番になったよ。ばあば先生見ていてくれた？」と私に報告してくれました。もちろん私は「見てたよ。すご～く速かったね。一番だったね」と応えると笑みがこぼれました。本来の子どもの笑顔でした。嬉しかったですね。

子どもの笑い声を通しての人格形成

還暦とは、六〇年で再び生れた年の干支に還るからと言われています。私は、とうに還暦は過ぎましたが、今、私の小さな小さな歴史を振り返ると、今だに、自分のうけた養育歴を引き摺りながら生き続けていることを思い知らされます。私は、物心が付いたころより、自分の「心の不器用さ」に気づいていたような気がします。事前に考えて物事に取り組む能力はありませんでしたから、その場その場をしのぐ行動をとっていました。他者からみる、私の「一生懸命さ」は単に融通のなさ、柔軟性に欠けるということに他なりません。私の幼児期に関わってくれた大人達、それは父母、四人の祖父母、叔父、叔母、きょうだい等、その繋がりの中で、私という人格形成がなされたのは確実です。子どもの持って生まれた資質を理解し、その子どもが望むような愛を与え続けることを、周りの大人達は自覚したいものですが、相性という、大きな壁があることも事実です。マザー・テレサのように万人を愛する心を我々凡人は持っておりませんから、親子の相性とてしかりです。自分の短所を引き継いだ我が子より反対（父親の短所を引き継いでいる傾向が多い）の子どもとの方が自然と引き合うもののようです。しかし父母の性格が違うことは、子育て上、バランスがとれると考えれば、それはそれで幸いなことです。只、子どもと関われる時間の長さは圧倒的に父親より母親の方が多いのが現状です。悲しいことに少子化の今の時代、我が子の行動に〝口うるさい母親〟が増え続けています。母親は、自分ですら直せない欠点、短所を責めたり、無理やり直せと我が子に言い続けています。結果子どもは、母親の顔色をみながら、常に不安心を抱え、次第に自信をなくし、卑屈な態度で生きてゆくことになります。ひとりでも多くの親御さん達に、子どもの笑顔が消えていっているのを気づいて欲しいですね。子どもの「笑顔と笑い声」これこそが親としての最上の喜びと思いませんか。

私は長年、子ども達と一対一対応の機会を与えられた時、心がけていることは「絶好のえこひいき到来」と思い、目の前の一人の子どもと向き合いました。ＦＰＢを実践した多くの子ども達の中から、いくつかの事例を抽出したものをご紹介いたします。

Ⅳ　心にきざまれたエピソード

お母さんが恋しい男の子　嫁・姑の確執がみえ隠れしています

彼も年少の男の子、既に体格は小学生なみで少々乱暴者でした。家庭環境は一人っ子で父親と祖母（父方）との三人家族です。同じアジア人で国籍の違う母親とは暮らしていません。どうやら家庭から排除されている様子でした。私はＦＰＢを行うに当って、前もって家庭環境はもれ聞こえてこない限り、聞かないようにしています。聞かずとも、ＦＰＢを行ってゆけば、子どもの心が見えてくるからです。それは、不安、怒り、コンプレックス、しっと、緊張、障碍等、心の中で抑圧されている意識していない極めて自己肯定感の低い感情が、ボード上に自ずと現われてくるからです。僅か百年と少し前、世界で初めて心というものの秘密を解き明かす「精神分析学」を人々に与えたフロイトは遊びを、「不快な緊張や葛藤を低減させるもの」としている。そしてフロイトの考えに共鳴したユング（医師でフロイトの後継者、後にフロイトと決別した）心理学をベースにつくられたのが箱庭療法で、それを一九六五年日本に持ち込み紹介されたのは故、元、文化庁長官であり、臨床心理学者、河合隼雄先生です。先生はユング派分析家の資格を取得されています。

心理学を学んだ者なら、誰もが周知していることです。そしてその箱庭療法や絵画療法などの理念を統合したものがＦＰＢです。戦後の日本の復興は目覚ましく、豊かさを求めることにブレーキがかゝりにくくなり、バブル崩壊を迎えました。私に関して申せば、私たちの幼少期の子ども達の瞳は、本当にキラキラ輝いていていました。多少のハングリー精神は未来の夢や希望を語れ、先のことを考えただけで楽しくなったものです。しかし、やがて、バブルははじけ、子ども達のキラキラした瞳も次第に失なわれてきました。情報の多さも、それを加速していますね。しかしアジアの発展途上国の子ども達の瞳は揺らぎません。物資は貧しくも、彼らの瞳はキラキラ輝き、旅するたびにその瞳にみつめられると釘付けになる程心が洗われます。日本は高度成長（一九五五〜七三）後も多くの人々は拝金主義方向に傾き続けたことは否めません。結果心はどんどん貧しくなってゆきました。

　元に戻りますが、ＦＰＢを行う前に、その子ども情報を知ってしまった場合、かたよった見解を持ってしまいがちになります。しかし、ひと度プレイすれば、ボード上に、その子どもの心の中が表現されますから、事例を重ねる毎にＦＰＢの凄さや素晴らしさを感じずにはいられませんでした。プレイ後、「心理の深読みはしないこと」と学びの中で指導されましたが、その子の性質・状態などは、ＦＰＢの著書パーツの（一定診断書）に従い解るようになりました。プレイの中で表われた、その子どもの気に掛る事柄を私は担任に伝えるようにしました。これは、あくまで参考材料としてです。しかし、お伝えした内容と実像の確実性はかなり高く驚くものでした。（特徴的表現）この男の子は、プレイの早い段階で、ハサミ（パーツ）を手にし、それを隠したり水の中へ放り込んだりしました。ハサミを使うのは、内面でストレスを持っています。それを隠すのは、心を抑えています。そして水場への固執があり、犬のおとうさんやブタ、オレンジ玉、ハサミ等を毎回のプレイの中で水の中へ入れました。その時々に発した言葉は、「お父さん、ザブ～ン!!」「シュ～!! ドバ～ン」とすべり台から水の中へ何度も投げ入れました。他には三輪車で犬の子ども、犬のお父さんを追いかけ「二人にドッシ～ン!!」とぶつけ、「ライダーキックしたら死んじゃいました」と言ってもいました。プレイの中で、毎回、衝動的・攻撃的破壊行為を繰り返すと、必ずスッキリした表情になります。抑圧から解き放され、心の浄化が一時でも得られたことは顕著です。

当初のプレイでは、「お母さんは、下のベッドで寝る」「パパとぼくは二階で寝る」と言っていた時もありますが、その後母親はボード上に登場しなくなりました。これは母子の距離に問題を含んでいると推測できます。男の子は一人っ子で、日常は、祖母と二人でいる時間が長く、一家団らんは難しいようです。父親に不満があるから、三輪車を動物や父にぶつけたり、水の中へ放げ入れることを繰り返しました。この頃の年齢でみられる行動は、恐ろしいことに思春期前半にも同じような行動をすると言われています。本来であるなら、まだまだ親に甘えていたい年齢です。男の子なら、なおさら母親が恋しいはずです。姑が母親を家に寄せつけないようにしていると聞きました。実の母親が他で暮らしていることを知っていれば、会いたいと願うのは当然のことでしょう。また、体格が小学生なみだということは、過食気味のあらわれです。もちろん食べることは〝生きる源〟ですし、喜びでもありますが肥満体になっていかないよう願うばかりです。摂食障害に於ては、幼児期までの母と子どもの基本的信頼関係の構築が主要だと言われています。この男の子の場合、母親と一緒に暮らせなくても、孫を愛してくれる祖母がいつも傍で見守ってくれていますので、救われる思いです。これから先、男の子が少しでもより晴れやかに暮らしてゆくには、もちろん〝心の充足〟が必要です。立派な体格をもて余すようであれば、球技や水泳等のスポーツで発散すると良いですね。お父さんは、お仕事で忙しいでしょうが、我が子と接する時間は短くとも、子どもへの言葉かけは、日々意識して行って欲しいです。子どもは、今日、今の心の充足が欲しいのです。

この男の子の場合、徐々に私に対し我まゝを言うようになりました。私の出来うることは聞き叶えてあげたけれど、約束事は守ってねと言いましたら、理解してくれました。嬉しい信頼関係が築け、私の登園日を待っていてくれるようになり、良い関係がもてました。

純真な姉弟

同じ幼稚園に通うきょうだい、姉は年長、弟は年少組です。お姉ちゃんはクラスの中でも体は大きい方でしたが、弟は、身長が低く整列する時はクラスで一番前、「前にならえ」ではなく常に手は両腰に位置します。その姿がとても可愛い!! 入園当初は、幼児言葉が多分に残っており、愛しさが増しました。姿が可愛いだけでなく、初対面の人に物怖じしない純朴さが伝わってきましたから、一層、みんなから愛される子どもでした。お姉ちゃんの方は、穏やかで話し方も静かでしたが、こちらの問いには、きちんと応えられる、しっかり者といった感じでした。一方の弟は園の中で、お姉ちゃんを見付けると甘えるような仕草で寄って行きます。その姿に対して姉は、特に妨げたりベタベタすることもなく、常に淡々としていました。

私は、二人の母親が、ネグレクト傾向にあると聞いていました。それは二人の服装からも見てとれました。姉の長くて多い髪は、結ぶこともなくいつもボサボサでした。弟の方は、幼いこともあり、よく食べこぼしをしますが、その体操着はシミだらけで毎日洗濯しているという形跡がみられません。その為か汚れの臭いがしてくるほどでした。可愛くても、必要最小限の清潔さがありませんでした。私は二人の母親と面識はありませんでしたが、一見母親は普通の服装をしていると聞きました。けれど二人の姿を見ている限りでの想像ですが、家の中はきっと雑然とした部屋の有様なんだろうなと思います。以前養護学校勤務の際、同様の子どもがいて、家庭訪問の折に汚れた部屋を目にしたことが蘇ってきました。玄関の靴に交ってコーラの空ビンが何本もころがっているような散らかし方。母親自体がそのような環境で育ったのか、はたまた、自身が家庭を持つまで掃除をしたことも関心すらも無く育ったのか、知るよしもありません。清潔感の境界は人により、多少の違いはあります。この姉弟の場合は外見から見てとれる程のネグレクト傾向にありました。と言うことは、二人はこれまで母親に、甘え、それを受容される体験をあまりしてこなかったのではないかという思いにかられました。一般的感覚でいえば、この年頃の女の子が髪を長くしていれば、可愛らしいシュシュやカチューシャで髪を飾りたくなるのが母親の心理であろうし、子どもも「お母さんが、毎朝髪を可愛いく結んでくれる!!」と嬉しく思うにちがいありません。又、子どもが食べこぼしをした洋服を見れば、真っ先に服にシミを残さないようにすぐに洗濯し、清潔を心掛けるものでしょう。二人の様子からみれば、弟の方が甘え上手です。もちろん自然体で、上手に大人に接してきます。自分から話しかけてきますし、私が椅子に腰掛けていれば、スーとヒザの上に乗り甘えてきます。その屈託のない仕草は誰からも愛される天性のものでしょう。

姉は姉で、まだ幼くても、何か揺らがぬ自己を持っていますから、おそらく、いじめにはあわないだろうと推察できました。反面教師談ですが片づけや他の家事が苦手な母親に育てられた子どもが大人になり家庭を持ち、部屋を清潔に整理整頓している女性の話ですが、「だらし無いお母さんが嫌だったから、自分はきれいな中で生活したかった」と言っておられました。又、苦もなく家事をこなせる男性との結婚に恵まれる女性もいます。数は少ないでしょうが、お母さんより、お父さんの方がお料理上手で、家事にマメな貴重な男性と巡り会える人は、必然性があって互いに引き合うのかもしれませんね。

二人が、思春期を迎え、この姉弟にアイデンティティーが芽生え、他者の目が気にかかるようになった時、それぞれの身だしなみに気付きがあって欲しいです。しかし、育ってきた環境から抜け出すことは容易ではないでしょう。本人達の気づきに委ねるより、周りの大人達の温かいおせっかいの言葉かけや具体的な世話が必要となりますが、何事も家族単位で生活するようになった今、厳しい望みでしょうか。本当に私達一人ひとりの責任でもあると思います。気づきがあり、気に掛かるお子さんがいるなら心遣い心配りを、ためらわず勇気をもって行動に起こせばいいのです。身だしなみに清潔感がなければ、就学後、恰好のいじめの対象になりやすいです。家庭で安らげない、ストレスを多く抱えている子ども達に心身を痛めつけられ、いじめにあっている方も多くのストレスを抱えることになるのです。ネグレクトがこれ以上深刻にならないよう、やはり祈るばかりです。私は、幼稚園から小学校四年生位迄、他の子どもと違う服装等でいじめられっ子で過ごしました。いじめられても家の者には訴えることができませんでした。いじめられる者は、いじめている側に決して口応えなど出来ません。黙っているから、相手は調子に乗りいじめはエスカレートしてゆきます。しかし、私は、大人になり学習したようです。自分自身に〝揺るがぬ心〟があればいじめの標的にはならないということがわかりました。そして、いじめている側に心の問題があるのですから〝かわいそうな人達〟と思います。ＦＰＢにおける姉の特徴的なことは、母親を嫌っているが愛されたいという強い心的葛藤がみられました。心の中を見せない傾向にあるが、プレイ終了後は「楽しかったぁ～」と言ったので、不快気分の解放は行われました。弟の方は、次から次へあふれんばかりに、おしゃべりしながら行えました。中でも掃除機音を口にしながら掃除機で水場をそうじし、欲求不満を発散したのは、圧巻でした。又、ネコをお風呂に何度も入れたのは、自分も入りたい願望とうけとめられました。

アスペルガー症候群の男の子

年中さんから入園して来た男の子は私が関わった子ども達の中でも大変激しい多動児でした。自閉症児の中には、とても〝お水〟を好む子ども達がいます。かつての教え子の高校生の自閉症の女生徒は、私達担任（複数）の目を盗んでは、小学部の水道場まで行き、ずぶ濡れになっても平気で、実に楽しく夢中になり、蛇口を全開にして遊んでいました。担任がちょっと目をはなしたスキに、一時の楽しみを味わうのです。男性担任に怒られてもコリません。怒られる前に私が探しに行くと、ずぶ濡れ（頭から全身です）の姿で、照れ笑いをするのです。本当に可愛らしいので私は怒れませんでした。

お水で遊んだ後は、気持ちも安定します。我々もストレスを発散する時は、それぞれ好きなことをして心を晴らします。この女生徒は言語がありませんでしたから、そのストレスは我々が想像する以上に大きな大きなものであったに違いありませんから、一対一の時は大いにえこひいきをしました。

この女生徒に負けない位、この男の子は〝大の水遊び好き〟でした。クラスの室内の中では、水をこぼし床をぬらして遊ぶ、園庭に出れば、ホース付きの蛇口を全開にする、廊下に設置してある複数の蛇口がある流しいっぱいに水を張り、制服を着たままお風呂のようにつかる、ビニールプールに入って遊べば、プールから上がることを拒み遊び続けます。給食嫌いでしたから、〝食べること〟への誘いに乗ってくれません。これはどうしたら良いか、それはこの男の子と早期に信頼関係を構くことです。構築されれば、必ず、こちらの言葉かけを理解し、徐々に行動に移してくれるようになります。そうなる迄決して焦ってはなりません。周りの先生方と同じ対応をし、子どもの心を揺れさせパニックにならない様に配慮したいものです。

しかしながら、まだまだ発達障碍児への理解が幼稚園の全職員に至っていないのが現状です。けれど、「早くプールから上がりなさい!!」と催促しない私に、その男の子は、次第に私の顔色を伺うようになりました。そんな時「早く出なさい!!」と怒った声が他の先生から飛んでこようものなら、元のもくあみです。一瞬にして子どもの心は逆走してしまうのです。本当に残念でなりませんでした。厳しい現状で、この幼稚園で学んだことは、〝ここは養護学校ではない〟ということでした。養護学校に通う子ども達は、全員が障碍を持っています。しかし、幼稚園の園児のほとんどは健常児です。この幼稚園でも、少数派の障碍児は、他の園児とは明らかに違った行動をとりますから、入園当初はクラスの子ども達と遊ぶことも難しかったです。アスペルガー症候群も自閉症の連続体ですから、この男の子も視覚的認知力は高く、FPBをこよなく楽しんでくれました。私の顔さえ見れば、プレイを欲求するほど好んでくれ、毎回必ず、最初にネコのパーツを自分だと言い持ちました(顔が真っ青なネコです)。いつも一時間以上(他の園児より長時間)ずっとおしゃべりしながら、攻撃的、破戒的なプレイを行っていましたから、ストレスの浄化は大いに出来ました。又、母親との接点がうまくいっていない無意識の心もプレイ上に出ました。これは、母親がまだアスペルガー症候群への理解が未熟であると捉えられました。今後は、子育てを通し、学んでいってくれることを願いたいです。

プレイの中で印象に残っていることは、洗濯機、掃除機や扇風機の使用です。砂場の砂を吹いたり飛ばしたり、水場の魚を「吸い取っちゃう、ブ〜ン!!」と言いながら、掃除機を使用した後は、本当にスッキリとした表情になります。これらの強調は不快物の除去、欲求不満の発散あるいは、攻撃性の表現と解釈されます。ハサミの使用も多く、内面でストレスを持っているあらわれで、色々な物を「パチン　パチン」と切る動作をしました。又、ストーブに動物をつけ、火傷させたり、動物を使ってのケンカや水をかける動作を繰り返しました。

本当に長時間あきることなく、ずっとしゃべりながら攻撃的なプレイをし、満足した後は、ストレスが浄化できたことがよくわかりました。この子の為にFPBがあるといってもいいほどで、毎回毎回プレイしてもあきないのは、その都度心の浄化ができている証だと確信しました。自閉症児（発達障碍児）は、「嫌なことが忘れられることができないのが障碍」です。不信感情は容易には修正できません。幼いながらも日々「生きづらさ」を感じ、大きなストレスを抱えています。自分の思いが通らない時、お友達に手が出ることもみられます。幼児園での行動は、思春期前半に同じ様な行動であらわれるといいますから、早い段階で改善してゆかなければなりません。

それには、まず、親御さん、クラスの先生が発達障碍への理解を深め、それに則した対応や関わり方をしていただくことが一番望ましいですね。

この男の子は、人目を気にしながら度々私のおっぱいをまさぐりました。友人の保育士が「お昼寝の布団の中が園児にとって至福の時、添い寝の先生のおっぱいを独占できるから」と言っていました。「必要だから触るのよね」とお互い話したものです。

とても乱暴な言葉づかいをするイケメンくん

彼は色白美男子くん、年少組です。見た目は女の子のようにうるわしい顔立ちです。ところが、入園して間もなくのことです。一旦口を開けば、乱暴な言葉の数々が飛び出して来ます。当初お兄ちゃんがいるのかなと思いましたが、れっきとした一人っ子でした。この世に誕生してすぐの社会は、家庭です。これは、紛れもなく家庭内で乱暴な言葉が飛びかっているのだと、私は思わずにはいられませんでした。なぜかと言いますと、以前ある機関に勤務していた時のことです。その日事務所には、四〇代と五〇代の女性職員と私の三人しかおりませんでした。私は机に向かって仕事をしていたところ、突然二人の職員からかつて耳にしたこともない程の乱暴な言葉のやりとりが始まりました。ケンカしていたわけではありませんが、ヤンキーかその道の人達かと言ったような最悪の言葉づかいでした。「てめぇー、うるせんだよぉー、ガタガタ言うんじゃねぇよぉ～!!」とかです。この年齢であれば、若い人達のお手本になるのが……と思いました。私は古い考え方の人間なのか、とも思いました。しかし、この姿こそが日常のお二人の真の姿なのでしょう。

我々、ほとんどの人々は、多少の二面性を持ち合わせています。しかし普段の生活からは、伺い知れない程の隠れた一面を見せつけられドキドキしたのを覚えています。その点子どもは、正直ですから、人前で恥ずかしいという意識が芽生えない限り、素の振舞いをしてしまいます。子どもが、そのご家庭の鏡なのです。

乱暴な言葉遣いをすれば当然、お友達は出来にくくなります。自分の気に入った仲間と遊びたいのに、遊んでもらえない、そんなジレンマの日々がイケメンくんに続きました。しかし、この男の子は一年かけて学習したようです。三学期になった頃には乱暴な言葉が減り落ち着いた態度が多くみられるようになってきました。お友達から乱暴なことばをつかうから「嫌」と言われたり、熱心な担任の指導、時々行ったＦＰＢ遊び等を通し彼は大きな学びを体得してくれました。この成長は本当に嬉しいものでした。それは、ＦＰＢ上にも、しっかり現れました。

この男の子はエクサパズル遊びが大好きでした。二種類あるパズルの型ハメはもちろん、家などの造形を作り楽しみました。このパズルは軽量木製で出来ており、平面や立体の造形を作り楽しめます。自分で造りあげた作品が出来ると私に「ロボットの手裏剣!!」と報告してくれます。集中し、真剣に作品を造っていく過程を私は横で見ていましたから、傍で必ず大きな声援を送ります。「すご～い!! 本当に手裏剣だぁ～!! ロボットくんの強い味方だねぇ～!!」と、その作品をほめ称えます。意識しなくても子どもの前では、自然にほめ言葉はでてくるものです。そんな時、子どもは本当に嬉しそうな笑顔を見せてくれ、「又、造る!!」と次なる作品に挑戦してくれます。素朴なパズルであるほど、創造力はかきたてられるようです。

ＦＰＢでのプレイの変化は、大きいものがありました。初めて一学期にプレイをした時、母親との接点がうまくいっていないサインが出ました。不快な感情を無意識に押え込んでいる傾向がみられ、お家で「いい子」を演じています。それらは、本人のエネルギーをあらわす、大木パーツを、衝動的、攻撃的方向（意識を象徴する）へ置くことにより心は浄化され、「終り」とプレイを終了。又、続けて一五分間位、二度プレイすることもあり無意識に浄化の確認をしたように思われました。いずれも、自分から「終り」とか「これでやめる」と言った直前は、ハサミを使用したり、水場（母子のぬくもりの温かさ、愛着の深さを示す）にカバン（自分を見て欲しい、保護して欲しい）を放り込んだ後等は、本当にスッキリした表情をみせました。

二学期も後半になると、言葉づかいは穏やかになっていきました。そして一番大きく変わっていったのは、動物（擬人化された）の登場でした。当初全く使用しなかった動物達が多く登場するようになり、心の成長が大いにみられました。

本児は、他の園児の中でも特に感受性が強く、自己コントロールも難しいと思われました。感受性が強い分、傷つきやすく、お友達との関わりが良好にいかない時、乱暴な言葉が飛び交いましたが、三学期には、ＦＰＢの順番を待てるようにまでなりました。年間を通し、たくさんおしゃべりをしながらプレイし、私に対しては一対一対応を強く望む傾向にありました。お母さんに自然体で甘えられれば欲求不満は減少されます。家で「やんちゃ」を許容させず「いい子」を演じ続ければ、多くの場合思春期になって、親御さんは子どもさんに悩まされることになることでしょう。

本児のプレイの中で、ひとつ私がドキッとしたことがありました。ハイヒールの強調は劣等感の補償を意味すると解釈されます。本児がハイヒールをカマクラドームに置いた時、自分の二〇代の頃を思い出しました。毎月お給料をいただく度に、必ずハイヒールを購入していました。正にコンプレックスの塊のような時期でした。この分析と解釈は侮れませんね。

父親から虐待を受けている女の子

一見、大人しい女の子に見えました。大人と目を合わせない子どもと聞いていました。初めてFPBを行った日、私は女の子の右隣りに座り、プレイするのを見ていましたが、自分がしゃべっている事を私が聞いているかを確認をとるような仕草で、私の方を幾度か見ました。初回からプレイ中、「いつも、お父さん〇〇ちゃん怒るの…」「〇〇ちゃん（自分のこと）も怒られる…」と話してくれました。動物の子どもはベソをかいているウサギと青い顔のネコのみ、おまけにハサミの刃先は並んだウサギとネコに向いています。時計が二こ、これは厳格な家庭、食べ物（重視する所）はテーブル以外に置かれていて、家庭の団らんが乏しいことをあらわしていました。又、水場、砂場近辺に動物がいませんでしたから、感受性の乏しさや感情面での空虚さがあり、自分の欲求のみ押しとうそうとする傾向にありました。クラスでも担任に一方的に話しかけ、「少しまってて」の言葉にも我まゝを通すことが多いと先生が話していました。家庭で自分のことをよくみてくれない、内面で寂しい思いをしている、母子関係の欠乏でもあります。

この女の子のプレイ時間は比較的短かかったですが、二学期からは、プレイの回数も増え、三学期には毎週一回は必ず行いました。本児も担任も望んだ上のことでした。短時間（一五分以内）でも、プレイすることにより、気持がすっきりしてゆくことを知ったようで、その効果のあらわれは、浄化がすむと自ら「終り」と言えることでした。二学期も半《なか》ばになると、プレイ中のおしゃべりは増え、私に「アオ、アカキンマン（アンパンマンの話）知ってる?」と質問したり、「これが終わったら（FPB）エクサ・パズルやりたい、難しい方」と要求してくるようになりました。その頃より、水場、砂場に動物が登場するようにもなりました。しかしカマクラドームに（家族を表わします）金魚鉢（母親との接点がうまくいっていない、無意識の心）や擬人化の動物が一人ぽつんと置かれていました。これは家庭が冷たく、無意識の中で満たされていない家庭内での孤独感のあらわれでありました。家庭内での親子関係の詳細は聞いていませんでしたが、複数の先生から本児は

「ほほにぶたれた手のあとがついたまま」登園したことがあると聞きました。父親が手をあげているとのことでした。私は、過去にも、現在も父親に「ぶたれる、暴力をふるわれて怖い、家を出たい、どうしたらいいか」との相談を多数受けています。我が子に手をあげる。ぶたれた子どもはどんな気持ちになるのか、経験のない私には解りません。知り合いの中でも何名か今も父親になぐられている大人がいます。全員女性ですが、中でも幼い時から母親の髪の毛をつかみ、父親が引きずり回す暴力をふるっていた、若くして母親は病死し、以後、ターゲットが自分に向き、成人したが、引き込もりになったという話などは身につまされる思いです。現在も、自分の気に入らないことがあると、父親になぐられて怖い思いをしているので「家を出たい」と知り合いの女性から相談を受けました。この事の重大さに安易に助言や支援は出来ません。その女性の人生そのものを、背負う覚悟がなければ、期待を持たせるばかりだからです。私には、本人の辛さ悲しさ、苦しみをただひたすら聴くことしかできません。前者の父親は商売をしていて、人当り良くニコニコしています。自分の子どもだから、言ってもわからない時はぶって教育すると言っているようです。後者の父親はワンマンで、他のきょうだいにもかつて手をあげていたとのことです。現在は母親と三人暮しですが、母親の留守の時に暴力をふるわれるので、母親には言えないと言っています。両者共、心に大きな傷を受け、今だに父親とひとつ屋根の下で生活しています。離れられない理由《わけ》が、潜在意識の中にあるようです。それは物理的・心理的両面からきているものだと思われます。悲しい現実です。父親から虐待を受けているこの女の子は、鼻歌をうたいながら、本当に楽しそうにエクサパズルをしたり、ＦＰＢに於ては実に淡々とプレイをしました。全てのプレイの中で変わらぬ位置に大木を置きましたが、これは一貫して攻撃性、衝動性を表出しやすい場所です。この大木（本人のエネルギー）を置くことにより、毎回自分で浄化治療してゆきました。水場に子どもが一人ぽつんといるのは、母親に甘えたいという退行したい気持ちと、充足できないという心の葛藤を象徴的に表現しています。毎回、ボード上に母子関係の欠乏がみられ、お母さんの心のケアが大切と思われますが、救われることもたくさんありました。この女の子は物怖じせず、臆することのない表情、言葉づかいでした。中でも「大きくなったら、お母さんになりたい!!」と言ってくれた言葉は「お母さんも私のことを好きになって」の裏返しでしょう。お母さんとの基本的信頼関係を礎《いしずえ》とし、今後の人間関係を築いていって欲しいです。自分のことを見ていて欲しい、解って欲しいという思いが、多弁になり、友達より担任や私と話したいのは、母子関係がまだ確立していないのでしょう。お母さんもお父さんから手をあげられているのでしょうか。ＦＰＢに向かい、毎回短い時間ではありましたが、自分の中で浄化が終わると自ら「終り」と言えたので、治療効果は大きいものがありました。

自閉的傾向のぼく

幼稚園という初めての社会集団に入り戸惑いを感じたであろう年中の男の子。電車、特に南武線が好きです。全園児がホールに一同に集まる行事は苦手で、クラスに於ても集団行動をするのは難しいですが純粋な性質です。又、視覚、聴覚に特徴があって、余計な周りの音を拾ってしまったり、興味ある電気器具のメーカー、名称を本児から見える物すべて、口に出して言いますが、こちらが話しかけても目を合わせず、オウム返しが多いです。はじめて幼稚園で他の子どもと共同生活をした時、特性がめだち始めます。この男の子は明らかに自閉的傾向にあると確信しました。専門機関で障碍の判定を受けているのかは、あえて確認はしませんでした。この子とうまく関わってゆけると思ったからです。自閉的傾向の子どもに出逢うと、いとしい気持でいっぱいになります。まるで自分の子どもの頃をみているようです。集団行動が苦手、想像力に乏しく柔軟な対応ができません。会話は、一方的に言いたいことを話してしまいます。又、興味の範囲がせまく、こだわりも多くあります。

このぼくとの出逢いは、ある日のホールでのこと、毎月行なわれる〝お誕生日会〟のことでした。舞台の上には、その月の誕生日の園児達が並び、お祝いが始まりました。他の園児達は舞台を前に、ホールの床に座っています。丁度、ホールの中ほどの壁側の空間に、男の子は舞台を背にし、おもちゃの電車で遊んでいました。進行中の〝お誕生会〟には、全く興味も示さず、クラスの中で整列し座ることもできていません。男の子の担任の先生は、すぐ横に座り、いつでも彼に対応できるような状態でした。お誕生日会は始まったばかりでしたが、私はすぐに担任の先生に向かって、「私が見ていましょうか？　下の部屋（ホールは二階）に連れていってもいいですか？」と言葉かけをしました。すると、先生は「いいですか？　よろしくお願いします」と即答されました。そこで私は男の子に向かって「下のお部屋に行って、電車で遊ぼう」と言いましたら、何のちゅうちょもなく、手を繋ぎ私についてきました。下の部屋に入ると、私は早速、電車の本を開き、男の子に電車三昧の質問を浴びせました。写真の電車を指差し「これ、何という電車？　教えて

!!」と言いますと、これが本当にすごいのです。

どうして、そんなにたくさんの電車名をスラスラ言えるのか。びっくりする程、正確に答えてくれるのです。「どの電車が一番好き?」と言いますと、「南武線、南武線」と返ってきました。そして飽きることなく見ていました。この様な出逢いがあった後、私は時々彼と遊ぶようになりました。そして、いよいよFPBを初めて行った時のことです。いきなり大木パーツをボード上に立てたい素振りを見せたので、私は粘土を土台に使い他のパーツを立ててみせました。ちぎった粘土を渡すと次々にパーツを立て、「又、やる、又、立てる」と私に粘土を欲求しました。彼は、手先が不器用で土台の粘土ちぎりがうまく出来ず、適量にちぎって欲しいと促されたのです。大小のパーツの大きさ、それぞれに合わせてちぎってとは言いませんでしたが「あうん・の・呼吸」で解りました。

言葉を交わさずとも相手が言わんとする事柄が理解できれば、その時点で相手は、信頼をよせてくれるようになります。かつて養護学校に勤務していた時、言語が全くない重度の自閉症の生徒の思いを訳すよう、普通校から転勤してきたばかりの先生にたのまれたことがありました。その場の状況をふめば、おおよそ何を欲しているのかは解るようになるものです。子ども達が大好きであればこその業でもあります。さて、その後のプレイでも、男の子は毎回のように粘土を使用しFPBを楽しみました。そうなれば、FPBと粘土はセットです。特徴的なことは、毎回ハサミが登場したことと、プレイ中は指しゃぶり（自分を慰める行為）がほとんど見られなくなってきたことでした。この男の子の母親は本児の特性を受容できておらず、母子関係は大きく欠乏しています。本児にとって家庭はリラックスできるどころか、大きなストレスとなっているようです。対人関係では相手に共感できませんから、我が子の心が読めない、目を合わせてくれないとなれば、お母さんを一方的に責めるわけにはいきません。

しかしながら、プレイで扇風機とストーブの同時使用（これは強い心的葛藤の現れ）、砂場・水場に動物が登場しない（母子関係の欠乏）等の反面、ボードの真ん中に大木を置く（自我確立、自己主張強い）心理を解釈すればするほど、一日も早く母親に本児の受容を望みたいと願うばかりです。

そして、プレイの回を重ねる度に、笑い声を立てながら土台になる粘土を上手に丸められるようになり、プレイ中のおしゃべりも活発に、歌を（何の歌か？）うたいながら、生き生きと実に楽しそうに取り組むようになりました。

次に置くパーツはしっかり選び、ハサミにキッスしたり、電車音を発しながらプレイしている姿は、本当に楽しそうでリラックスできていました。ランダムに置いたパーツも本児にとってみれば意味を持っているのでしょう。長い時間プレイしてもあきません。そしてエンドレス状態になった時も男の子から「終りしない!!」と言われました。たとえ、僅かな時間であろうとも、ＦＰＢで遊ぶことによって、本児の心の浄化の援助はできました。私にとっても、彼からの数々の楽しいエピソードが宝物となりました。

ぼくは勉強できない……

やがて、ＦＰＢ実践日、登園した私に、その日の予約が入るようになりました。一度に五～六人頼まれますと、時間配分が難しくなりますが、出来うるなら、全員とプレイしたいと思いました。「あ、早いうちにストレスを取ってあげたい」と先生達の思いは同じです。プレイ後、本人達は明らかにスッキリとした表情になりますから嬉しい限りです。そんな中の一人の男の子、初回のプレイ中、「〇〇（自分の名前）勉強できない、イヤダイヤダ!!」「ママすぐ怒る※」、ペンギン母を手に持ち水の中へ「ボチャ～ン!!」と何度も放り込みました。早い段階で時計を二ケ置いたので、几帳面でうるさい母親でしょうか。

この年齢で早くも「勉強できない」と言うのは、本児に近い大人・親が言っていると推察されました。二回目以後も、攻撃的なことは続きました。小木を持ち、「エィッ!!」と魚を刺したり、ハサミで「チョッキン、チョッキン」と切る仕草をし、水場に幾度もペンギンの女の子を「ボチャ～ン」と放り込みました。ベットやテレビ、靴等まとめて放り込むこともあり「ゲゲゲ……プシュ～ン!!」と水の中へ放り込むと、実にスッキリとした表情になり「終り」と言います。放り込む時、笑いながら行うのは、少々無気味でした。プレイ中は、マンツーマンで自分のお話を聞いて欲しいとの思いが、行動にあらわれることがありました。

ある時私は、年少の男の子がエクサパズルで遊んでいるのを傍で見ていたところ、音も無く、いつの間に来たのか、私の側に彼が立っていました。黙って立っていたので私は「来たの?」と聞くとうなずき椅子に座りました。そして、終始おしゃべりをしながらＦＰＢを楽しんでいたところ、彼の目の前でエクサパズルで遊んでいた年少の男の子が私に話しかけてきました。すると、彼は負けずと早口になり、途中、私のアゴに手をかけ自分の方に私の顔を向かせました。子どもらしいやきもちです。二学期になると「○○は勉強できない……」に加え「お兄ちゃんが泣いた」「赤ちゃんがいなくなって死んでしまった」「○

○みたいにキックする」等ネガティブなお話が増えてゆきました。又、「ごめんね」「ごめんなさい」という言葉も多くみられました。相当のストレスがたまっていたのでしょう、突然室内のボード上に置いていた全てのパーツを、一瞬にして砂の中に放り込み終了することもありました。お家で兄弟げんかを叱られたり、やんちゃをやって叱られるのか、プレイ中、「ごめんなさい、とあやまらないとママは本を読んでくれない」と言っていました。子どもの兄弟げんかは、社会性を学ぶ大事な遊びの一部だと思えるといいですね。やんちゃは、元気な証拠です。子どもは、我が家の大好きなお母さんの前では、我ままを大目に見て欲しいものです。しかしながら、この男の子の言葉を拾う限り、常に母親の顔色をみながら生活しているのが伝わってきました。悲しいことです。実に悲しいことです。まだ〳〵やんちゃ盛りの年齢ですから、お母さんに叱られると自分を押え込めば、小さい胸の中へストレスをたくさんためてゆくことになります。反省の意味を理解する前に、とりあえずあやまればOKというパターンを身に付けてしまえば、本当の意味での躾にはなりませんね。家庭でのストレスをFPB上に出しきっていることは、プレイ内容で顕著にわかります。彼の場合は、水場・砂場にパーツを放り込んだり、掃除機で魚を吸い取る動作をしながら、エンディングに近づきます。この時点で、心の奥底に閉っていたストレス感情は発散させることができました。そういう動作をする時はとても楽しそうですから、治療効果は大きかったです。

ハサミのパーツを隠すのは心を抑えている証です。お母さんの存在は、子どもにとって絶大です。「勉強は、出来る子はほっておいても出来る」と恩師から教わりました。「かけっこと同じ」その子どもの持って生まれた得意分野なのだと、その通りだと私も思います。今、この幼少期、何が大切か。「勉強が一番大切」ではないですよね。子どもが日頃、自分は勉強ができないと否定し続ければ、それがコンプレックスになるでしょう。その抑圧された感情をバネとし、頑張ることのできるお子さんなら、自分を否定するような言葉は出てこないはずです。いずれにしても、お家で「いい子」を演じ続けていれば、如何なるお子さんもいつかは、演じることを放棄する日が必ず来ます。それは単なる反抗期で済むか、反社会的行動にまで及ぶか誰にもわかりません。この年齢で卑屈な精神をうえつけて欲しくないです。

誰だって勉強は出来ないより出来た方がいいのは、子ども心にだって十分わかっています。お母さんご自身は優秀だったのでしょうか。もし、普通か、出来なかったのであれば、伸び伸びと育てて欲しいものです。中には、自分が出来なかったから、主人が出世しないのは一流大学を出ていないからとか、自分に言いきかせている母親もいます。「私はブランド品には興味がない」と言いながら、子どもには立派なブランドの学校を受験させる母親達、貴女方は、本当にご自分のお子さん達が、それを望んでいることなのか、本根をよく聞いてみるか、心の中を洞察してみてからにしていただけませんでしょうか。勉強が苦手な子どももいるのですから。

お母さんが揺れると私も揺れるの

とても賢い女の子です。自分を取り巻く大人たちの動向を見抜く力は極めて大きいものがあります。観察力にすぐれているので、真の姿の理解力が鋭いのです。一見〝しっかり者〟とうつりますが、しっかりは堅実、堅固ですから、その分苦悩も生じるわけです。我々からみれば賢い女の子も、まだまだ青い未熟な子どもです。

この女の子は幼くして父親と死別しました。一人っ子です。現在は母方の祖父母、母親と暮らしています。ここまで知った時、「あっ、私と全く同じ様な生い立ち、環境下で生活しているんだぁ～」と女の子を身近に感じたものでした。この女の子の母親は、夫が他界されてからウツ状態になられたそうです。そして、母親の気持ちが不安定になると女の子の気持ちも沈むようです。人間である以上、大抵の人は、気のふさぐ日もあれば、すがすがしい気持ちの日も経験されていることでしょう。

そして、その双方の隔たりが小さく、日常生活に支障をきたすようでなければ、ある程度緊張感を持って生きてゆけると思います。感情的な刺激は、とても大切です。しかし、他者からみても、その双方の隔たりが大きく、身近な者たちからの「慰めや励まし」の言葉かけにも〝心が前向きに、元気になれない〟ようであれば、〝心の病気〟と捉えられます。そうなれば、考え方に偏りが出て、社会生活が難しくなりがちになります。真面目な人柄の方が多くかかる病と言われています。誠実な人は真心があります。いつわりのない心を持っていらっしゃいます。この女の子のお母さんは、かつて素敵な夫婦関係を築いていらっしゃったのだと私は思いました。まだ、現実を受けとめるには、あまりにも大きな大きな試練に耐え続けていらっしゃるのです。

故河合隼雄先生（臨床心理学者）のお言葉の中に「一〇〇％正しい忠告は、まず役に立たない」との語句があります。経験者でなければ解りえないような、心に大きな痛手を負っている方に、例えば「いつまでも、クヨクヨ考えても仕方ないよ、もっと前向きに生きてゆかなきゃ」と語りかけたとします。ご本人は、もっと辛くなるでしょうね。

　人それぞれ、親子とてきょうだいとて、悲しみや苦しみ、辛さのほどあいは違います。心を痛めているご本人は「一〇〇％正しい忠告」なぞ、言われなくても解っています。病も人それぞれ完治するまでの時間も違います。しかし、そのような状況であるなら、できるだけ望ましい環境づくりをし、温かく見守る〝誰〟かが必要です。担任からその女の子のＦＰＢの依頼を受け、初回に行ったプレイで、女の子の心の中がしっかり見えてきました。女の子は六二個のパーツの中の大木一個を残し全てボード上に物語をつくりました。プレイ中は、黙って淡々とパーツを置いていました。カマクラドーム（家族を表す）の中にペンギンの父と母、ラジカセを置きました。女の子の目にも仲の良いご夫婦だったとうかがわれます。又、大木以外の全部のパーツを使用したことは、こだわりではなく、やりたいことを完結したいとのあらわれです。大木は本人のエネルギーですから、大木のみを残したということは、自分の居場所があるということ、自分をしっかり持っています。ですから、まだ幼い年齢ですが、大人に近い対応が望まれます。

　それから間もなくして、二回目のプレイをしました。最初に手にしたのは洗濯機でした。これは不快物の除去、欲求不満の発散、攻撃性の表現と解釈されています。次にピンクのハイヒールを手にした時から、一気に話し始めました。「ママのブーツを履いてコケた」「漢字が好き」「○○先生が一番好き」。そして、私には「1＋2はいくつだ!!」といくつも問題攻めをします。私は答えながら、後半は、彼女と会話を楽しめるまでになりました。

一週おいて、三回目のプレイをと担任にお願いされた際、私は「もう、プレイは必要なし、本人が断ると思いますよ」とお答えしました。案の定、彼女は「やらない」と言ったそうです。その後、嬉しいことに、廊下等で私の姿をみつけると、私の体に、指で「チョン!!」と触れたり、挨拶かわりの笑みをうかべてくれるようになりました。

この賢い女の子は、強い心をもった優しい大人に成長し、きっとお母さんの心の支えになってゆくことでしょう。それは幼くして、思いもよらぬ試練を受け、心が揺れ動くほど苦しんだ分だけ、優しくなれるのだと信じたい私の願いでもあります。

幸せの黄色い手袋

集団の中に、毎年何名か私には気に掛かる園児がいます。遊び時間になっても、教室の端で身じろぎもせず、ずっと直立不動で無表情のままの姿勢で過している女の子、床に寝ころがってやはり表情が乏しい男の子、お友達にいつも意地悪をしている男の子、クラスに入らず職員室を好み入ってくる男の子等子ども達を深く観察しなくとも、通り掛かっているだけで目に飛び込んでくるものです。また、子ども達の気持の浮き沈みも、多くみられるようになりました。子ども達は実に敏感にお母さんの心をうつし出します。お母さんが落ち込み不安になれば、そのお子さんも不安になります。母子はまるで写し鏡のようでもありますね。

その様な中で、近年辛い出来事にあわれたお母さんも同様に不安にかられる時の繰り返しをされております。そして、それはお子さんにも顕著にあらわれてしまいます。長年、同じ園に勤務している先生の中にはご自分が担任していた園児が親御さんになりご自分のお子さんを連れ入園してくることも珍しくありません。そんな中の一人のお母さんのお話しです。娘さんが生まれ、親子三人の幸せな生活が、ある日一変してしまったのです。死別という、お聞きしているだけでも胸が張り裂けるような辛い出来事が起こったのです。若い時は、とかく悲しみを全身で受け止めてしまいがちです。辛く、切ない胸の内など当事者でなければ知る由もありません。そんな時は誰の慰めの言葉もおそらく、ぼんやりと脳裏を掠めただけだったことでしょう。気がつけば、悩み苦しみにずっと焦点を当てたまま、愛しい我が子に優しい言葉掛けのひとつも出来なくなっていた。そうなれば、本来無邪気な子どもでも、お母さんの異変に気づかないわけはありません。次第に子どもの心も沈んでゆき、笑顔は減り表情も固くなってゆきました。しかし、幸いなことに、かつての担任はとても明るい人で、その教え子のお母さんに顔を会わせる度に、励ましの微笑みやあたたかい言葉をかけ続けました。そして寒い冬のある日の事です。園に子どもを送りに来たお母さんが、女の子の手を取り先生にその子の手袋を指し「先生、これ覚えてる?」と黄色のミトンを見せました。何ということでしょう。その手袋は先生が編んだ物だったのです。当時担任をしていた時、クラス全員の子ども達に手編みのプレゼントをし、子ども達はその黄色い手袋をはめ、園庭で雪遊びをしたりしたものでした。

その頃は今の様に「隣のクラスと違うことをしてはならない」という園の風潮もなく、先生と保護者の距離は自然体でいて信頼関係も深いものでした。雪遊びで当然汚れたであろう手袋はきれいに洗濯し大事に保管され、おかあさんは、ご自分のお子さんの手にはめ登園してこられたのです。先生の驚きと感動は言うまでもありません。先生からこのエピソードを聞きました私も心があたたかくなる思いでした。短い期間ではありますが、この女の子と私には少し接点がありました。

既に卒園してしまいましたが、今思い起こしてみれば、その女の子の瞳は凛としていて、多少の事では揺らがない大人びた目でした。まわりの大人をよく観察していて、短い言葉の中でもきちんと的をとらえ話しました。この子は大人になった時きっとお母さんを支え守ってゆけるだろうと、私は強く確信したものです。近頃のお母さんの様子は以前ほどの悲哀、不安感も少なくなってきたと先生は言っておられ、近い内に三人でランチを一緒にと誘われ、お母さんも快諾されたそうです。この親子の前途に光がさしてきたのが、私にも見えました。教師冥利につきる、素晴らしいお話です。先生と親子の再会は決して偶然ではなかった、何かの力がそう動かし導いてくれたと思えてなりません。賢く、繊細な気質を持ちそなえた子どもは、親の心を深く読みとってしまいます。楽天的なお子さんが気づかないようなことも感じとっています。お母さんの辛い時は、自分も辛くなりますが決して表に出さず、じっと堪え続けます。この様なお子さんが大人になった時は、強く優しい人格になってゆくことは間違いありません。自分が苦しんだ分だけ、人に優しくなれる、苦しく辛かったけれど素晴らしい経験を体得してゆくのです。この親子に幸多かれと祈らずにはいられません。

かしまし三人娘

この年長さん、仲良し三人組の女の子たちの中には、年中さんの時、ＦＰＢの経験のある園児も含まれています。年少、年中、年長の色々な園児達がＦＰＢを行っているのを、垣間見ていたのでしょう。ある日、プレイを終えた園児が離席するのを待っていましたとばかり、三人の女の子が寄って来て「ばあば先生、これやりたい」「私も」「私も」と口々に言いました。私は「先生に（担任）聞いてみて、いいとおっしゃったら、時間を決めましょうね」と答えました。先生のＯＫは出ましたが、三人同時に同じボードでプレイをするのは、やむをえない状況でない限り避けていましたので、果たしてどんな展開になるのだろうと、少し興味もありました。年長さんになると忙しい日課が組まれていますから、お昼休みに行うことになりました。今迄、年少さんが行っていると、必ず嗅ぎ付けやってくる園児が何名もいます。大抵は同じクラスの子どもです。お友達がプレイするのを見付け、「ぼくもやりたい」「私もやりたい」と言って、プレイ中やってくるのは、間違いなく〝心に大きなストレス〟を抱え込んでいる子ども達です。このＦＰＢを行うことで癒され、ストレスが浄化されてゆくことが、本能的に解るのでしょうか。不思議でなりません。現にそうでない子どもは、ＦＰＢを見ても全く興味を示してくれませんから。

こうして、三人娘はお昼休みに、待っていましたとばかりFPBを行いにやってきました。ボードは二枚、室内と公園のボードです。早速、自然と二対一に分かれ、二人が一枚のボードに向かい、もう一人は、一枚を一人占めです。この一人占めの女の子は、三人の中では一番自我の強い性格のようです。面白いもので、持って生まれた素質というものがあり、私が何を言ったわけでもないのに、ごく当たり前のように二対一に分かれたのです。二人組の方は、結構楽しそうにおしゃべりをしながらプレイし、一人でプレイをしている女の子は、真剣な顔をし、黙々とパーツを探しながら手にしてゆきます。ここで問題発生です。この女の子は二人組に向かって「それ（パーツ）使いたい!!」と我まゝを言い出しました。自分の気に入ったパーツをどうしても使いたいと言うのです。私は、黙って見ていましたら、二人組の一人が、一旦置いていたパーツを全部集め、二つに分け、その一人でプレイをしていた女の子に「これでいい？」と言いました。言われた方は、厚かましくも自分の好みのパーツをいくつか相手のと取りかえ、「いいよ!!」と言い、改めて、プレイを始めました。これが日頃の彼女達のルールでしょうか。プレイ中、彼女達のおしゃべりが始まり聞いていますと、一番多く口にした言葉は、「ママは、ず～と怒っている」「私のママも……」口々に言い合っていました。三人共全員です。それはボード上にもあらわれました。パーツの配列が几帳面で、強迫神経傾向にあったり、口うるさい母親の特徴の二個の時計パーツの並列、一家の団らんである食卓付近に全く動物がいないのに、掃除機と扇風機が置いてある。大木は攻撃的・衝動的位置、アイロン台の上にハサミ、カマクラドームに花鉢とハサミのみ、ドームの上に時計、食卓・水場・砂場に動物がいない等々、まあまあすごいプレイになりました。三人共母子関係の欠乏です。総合的にみて、母親への愛情欲求が十分満されていないようです。特に母から娘へ「愛情という名の支配」を強く感じました。おそらく三人の母親達は、そのことに気づいてはいないと思います。

なぜなら、その後、お昼休みを狙っては、怒とうのように三人娘がプレイをしにやってきたからです。短い時間ではありますが、プレイすれば必ずスッキリするのでしょう。瞬時に心の浄化が出来る、治療効果抜群のＦＰＢを求め、しばらくの間彼女達は私の所に通い詰めました。何回目だったでしょうか、三人がプレイ中珍しく担任の先生がやってこられ「お天気の日は、外で遊んだら、ばあば先生も昼休みは休みたいですよね」と言って下さり、その後は、パッタリ姿を見せなくなりました。

本来なら、真っ先にプレイをさせてあげたい子ども達なのかもしれません。本当に口うるさい母親が増えているようです。子どもをほど良い距離間で見守れる心のゆとりのある親御さんは少なくなってきました。親御さん達を不安にさせる社会や環境が背景にあるのでしょうか。口うるさく親に管理され育った子ども達が、思春期を迎えた時、大人になった時、どの様な心情を持つかです。その様に育った子ども達は、早い時期に異性を求めるようになるそうです。自分を癒してくれる相手を見つけるのです。親に口うるさく言われても、その都度言い返せる子どもは、その限りではありません。「口うるさいお母さん」、子どもを手塩にかけて悪くしてしまったら改善するのは至難の業ですよ。お家ではお母さんはあくまで「保護者」であって「教育者」になってはいけないと私は教わりました。子どもが幼くても、お母さんは、ご自分の世界（好きなことをする）が持てると、比較的楽に解決できます。「家事、子育てで忙しい?」そのようなことは理由になりません。さあ、アンテナを張って、自分の興味あることを見つけてみませんか。

誰でもいいからぼくの相手をして!!

―ぼくは、三人きょうだいの末っ子です。お母さんと子ども達の四人家族です。数年前に両親は離婚をしました。でも、まだぼくはその事を知りません。お父さんは遠くに出張に行っているとお母さんから聞きました。お母さんは、お仕事をしているので、毎朝お姉ちゃんが登校する時ぼくを幼稚園まで連れていってくれます。そして、幼稚園が始まるまで、ぼくは大好きな先生の側で時を過ごしています。先生達はみんな優しいです。端から見れば、ぼくは両親の影響をすごく受け、特に今の生活は、お母さんのペースにすべて巻き込まれている可哀相な子どもらしいです。一番ふびんだと思われていることは、朝食、夕食を満足に摂っていないことです。ゆえにぼくは空腹のあまり、幼稚園で倒れたこともあります。その時は、先生達が心配顔で「病院に連れて行きましょうか…」とか話していました。でも理由が分かり、アメ玉一ヶをもらって舐め、早目の給食を食べたら元気になりました。クラスでも小さい体のぼくは、三食きちんと食べられていないので、なかなか大きくなれないし元気も出ません。お母さんと一番仲良しの上のお姉ちゃんは、ぼくにイジワルをします。下のお姉ちゃんは優しく、二人で一緒の部屋に寝ています。

幼稚園では、友達と遊ぶより、先生達とお話しする方が好きです。それからぼくは先生がみていない所で、クラスメイトに時々イジワルをします。どうして、そうするのかぼくにはわかりません。本当は、仲良く遊びたいのに、ついつい嫌いなぼくになってしまいます。―


これらが私の知る限りの男の子の姿です。

担任の先生から依頼され、この男の子とＦＰＢを幾度か行いました。ずっと、プレイをしていたいと言った園児は何名かいましたが、この男の子ほどエンドレスで「ずっとやりたい」と強く望んだ園児はいませんでした。そのような時、場面を切りかえるには、本人の興味のある事柄や、実際に給食の時間が近づいてきた、あるいは行事の練習、プールに入る時間等を知らせ、私が「又、この次にやろうね」と言えば大抵の子どもは、プレイを終了してくれます。しかし、この男の子の場合は、ＦＰＢだけを本当に行いたいのではなく、自分のことを一対一対応で、丁寧に向き合って相手をしてくれる先生の存在が欲しいのです。勿論、ＦＰＢも興味を持って行ってくれ、出来上がったボード上のパーツを何度も〳〵も壊してはやると繰り返すこともしばしばありました。ただ、ＦＰＢで遊んでいる最中でも、エクサパズルや文字のなぞりをやりたいと欲求してきます。「お姉ちゃんは年長からペンシリア（鉛筆で文字をなぞる）を習ってた。ぼくも習いたい。れ・わ・をが難しい……から練習したい」と言った時は、なぞり用の文字を作りました。家庭での様子はこちらが聞かなくても、男の子が話す内容からおおよそのことは伝わってきます。今、男の子が一番望んでいること、それはお母さんともっと関わっていたい。今、ぼくは、寂しいんだということです。お母さんは、お子さんの気持ちを、どれだけわかっているか、関わることが、煩わしいともとれる行動がみられます。仕事を終え、園にお子さんを迎えに来ても、すぐにお子さんの所に向かうか、言葉かけをするか、抱きしめるか…いずれでもなく、まずは他のお母さんと話し出します。そのようなお母さんの態度を見ても、男の子は飛びついて行って抱きつく勇気はないようです。母と子の間には、言い知れぬ隔たりがあるようです。子どもが思春期を迎えた頃、〝母子の心のズレ〟はどれほど拡大していくことか。考えただけでも胸が痛む思いです。

私は、子どもの欲求してくることで、自分が手伝えることが出来れば基本的にノーは言わないようにしています。我まゝがエスカレートしている子ども達はみんな、母子関係のストレスを抱えているから、他の大人を求めているのです。そして、彼らの共通点は「ぼく、私のことをもっと解って、見守って欲しい」なので、この男の子は、ＦＰＢで遊びながら、おしゃべりし、私の反応をみます。そして、以前私が話したことや答えたことを、しっかり覚えていて、痛い所をついてきたりします。何度、ＦＰＢを一緒に行っても、私は男の子のお母さんの代わりはつとまりません。ほんの一時、一時、男の子の望みを聞き叶えながら、温かく接するしかありません。子どもは、「反抗と依存を繰り返し、ら線階段を登ってゆくように成長していくのが望ましい姿」と恩師から学びました。反抗も依存もできず、ずっと小さな胸に叶わぬ思いを秘めながら、暮らしてゆかなければならない環境に置かれている男の子、子は親を選ぶことは出来ませんから、君の周りの君と関わってくれる大人達から、たくさんの〝愛〟をいただきながら、成長していって欲しいです。〝心豊かな大人達〟に巡り逢えますようにと祈って。

かしまし三人娘のプレイで思い出しましたが、園には実物と同じ位の身長、体重の赤ちゃんの着せ替え人形が二体あります。それらを好んで一人占めするように遊ぶ園児は多く、やはり、自分の思うような〝愛〟を母親から受けていない子ども達です。自分の満たされていない母子関係でなく、自分の望む母子関係を人形を通じ遊んでいます。そして、その人形と遊びたい子ども達が思いのほか多いことにも驚かされます。

一過性のチックでほっとしました

この年長の男の子は視覚的認知力が高く、物の名前をよく知っている。小耳にはさんだ話ですが、母親は、小学校お受験も視野にあるらしいです。この年齢で豊富に物の名称を知っていれば、親御さんとしては、大いに将来を期待されるのでしょう。FPBにカマクラドームの絵が描かれていますが、彼はその絵を見て、「何でオーロラがある？」と私にたずねました。ほとんどの子ども達は、「氷のお部屋」とか「寒～いお部屋」と表現します。オーロラと言ったのは、彼が初めてでした。又、粘土を使用し、パーツを立てて遊んでいましたが、途中から粘土遊びに変り、魚をつくりました。そして「ウツボ怖いよ!!オオカミ魚も（これは北海道のアミューズでみたそうです）」、私はオオカミ魚は初めて耳にする魚です。興味のある事柄は、見ただけで瞬時に、彼の脳裏に写実されるようです。プレイ中は、多弁で私に対しては「ばあば先生も一緒にやろう!!」と何度もアプローチしてきました。彼の特性は、他の先生方も、思うところは私と同じ考えでした。言葉や知的発達の遅れはありませんが明らかにほかの園児とは異なる特性を持っています。そういったお子さんの集団生活での困難さを、どう親御さんに伝えていくか、あるがまゝに話すにはまず、親御さんと先生の信頼関係が構築されてなければ、決してお話してはなりません。まずは、親御さんが傷つかないように、園でのお子さんの活動を観ていただく（出来れば、隠れて）ことが先決です。徐々に親御さんに気づいてもらえれば幸いです。

「二次的障碍」という語句があります。アスペルガー症候群の子どもは、言葉のやりとりにおいて問題が起きにくいため、かえって障碍の発覚が遅れることがあったり、軽度だからと言って間違った対応をしてしまうことがあります。重い人には無理をさせませんが、軽度の人の方が理解されにくいですから、子どもはたまりません。本来持っている障碍への無理解から「人格を壊してしまう二次的障碍」を起してしまうことがあります。では、どうしてゆけばいいか。その第一歩が専門家に診断していただくことです。すぐれた専門家であれば、一歳半くらいで、多くは三歳ならば診断されます。この子ども達は、無理やりみんなと同じようにさせようとすればするほど、壊れていきます。区別したり、排除するのではなく、この子の特別なところを理解してゆくことが大切です。まずはお母さん、次に保育士の先生方です。この子がどんな特性や困難を持っているか、みんなと違うこと、どれだけ許容してあげるか。「この子は、この子でいい!!」それをどう支援してゆくか。最初に、この子に合わせてゆかなければ、この子達の方からみんなに合わすことは出来ないのです。早い時期から過酷な状況にならないように、力が発揮できないような場所におかないでやることです。日常生活のどういうところに歩みよるか、子どもの欲求をたくさん聞いて受け入れながら周りが理解することです。親御さんは、苦労はあっても明るい気持ちで育てることです。親御さんが不安な気持ちで育てると、子どもはもっと不安になります。本来、素直で真面目な資質ですから、認めてあげれば、自分を大切にし、愛してあげれば、子どもは人を愛することを学びます。

さて、この男の子は年長になり「チック症状」が現われるようになりました。担任の先生はいち早く気づかれたので、対応を考えました。固定、慢性化は避けなければなりません。近年、子どものチック症が増えています。親へのカウンセリングが重要ですが、まずは園でできることを試みました。本人が達成感を持てるような用事を頼み、それがクリアすれば、少しハードルを上げた用事を頼み、それらが自信に繋がるようにしてゆく。チックの症状を誘発する緊張や不安を軽減・除去することや、それへの精神的抵抗力を高めてゆく援助の基礎になろうかと思います。そういう意味でも、このＦＰＢは、最適な遊戯療法であります（又、行動療法的なアプローチが有効とされています）。ここでもＦＰＢの効力は素晴らしいものがありました。

私の教え子の高校生の中にも、チック症の生徒が多くいました。私の周りの大人にも数名います。原因は、身体因と心因が相互に関係しあっていると考えられています。とくに子どもの発症に際しては、母子関係が重要な要因であるとする従来からの学説もありますが最近では、素質としての身体因を重視する傾向があります。

この男の子は、担任の心配りもあってか、一過性で治まりましたが、今後学童、思春期になり、心身症ないし、神経症、慢性多発性にならないよう細心の注意は必要となりましょう。特性のきわだったお子さんを育てていらっしゃる親御さんの大変さを思いやることは、とても大切ですから、教育者は訓練し、心して習熟してゆかなければなりません。

私は、「この子の笑い声が、笑顔が見たい」と心に留めながら園児と向き合っていたような気がします。一緒に遊んでいる時、子どもの瞳がキラキラ輝き、笑い声が聞けた時は、最高です。そんな時は、「ばあばの目尻は下がりぱなし」になります。無条件の間柄になったような気分です。この男の子と私は、そのような関係になれたと確信しています。

初めの一歩の微力なお伝いが出来、嬉しいです。

ぼくはポケモン博士です

担任の先生からＦＰＢの実践依頼を受け、履行を始めた時、大人顔負けの子ども博士に、しばしば出逢うことがあります。車博士、虫博士、魚博士、家電博士等です。今回は〃ポケモン博士〃との出逢いでした。ポケモンに関しては、ポケモンカードや一覧表があります。この彼は、ポケモンの絵が描いてある一覧表を私に見せ、一つ一つの呼び名や進化の説明をしてくれます。「ポケモンの名前は全部言える。三〇〇くらいある。一回か二回進化するステージ一番好き!!」と目を輝かせながらしゃべり続けます。全く飽きることなく真剣そのもので、ポケモンに関しての知識は半端ではありません。そして、私が「これは、何という名前?」と聞くと、実に嬉しそうに答えてくれ、自信満々の顔になります。そんな訳で、ＦＰＢを行っていても毎回必ず、何時しか〃ポケモン〃の話題に移行してしまっています。

幼稚園では〃お帰りの会〃が終わると、園児達は「延長保育」「バスで帰宅」「園に直接お迎え」に分れ帰宅します。彼の場合は、お母さんがお迎えに来ます。彼は、お母さんを待っている間に、意気揚々と〝ポケモン解説〟にやってくることがあり、キラキラした瞳で私に向かい延々と語りかけてきます。程無くお母さんがお迎えに来ますが、彼は少しがっかりしたような顔になります。ほんの僅かな時間でも聞いてて欲しいんだなぁ〜と思う瞬間でもあります。話は変わりますが今は、三〇代後半になった私の教え子の話です。もう随分前のこと、彼はサポートして下さる方と〝母の日〟にカーネーションの花を買い、お母さんにプレゼントしたそうです。お母さんは、大相喜ばれ〝ありがとう、嬉しいわ〟と彼に言いました。彼は自閉症の男性で、オウム返しが多く、他者と言葉のやりとりがうまく出来ません。その日（母の日）、それから一日中ずっと〝ありがとう、嬉しいわ〟を連呼し続けたそうです。後日、お母さんは「嬉しかったけれど、何回も〳〵も、ありがとうって言われるとうっとうしくて、いやになってしまうわ……、先生この気持ちわかりますか？」とおっしゃいました。自閉的傾向を持っている人に有りがちなことですが、幼い子ども、老人に於ても同様なことがあります。でも少し考えてみれば彼の気持ちが解るような気がしました。おそらく彼は、自分がプレゼントをした花を、大好きなお母さんが喜んでくれた、只その思いだけで、反復の言葉が出たのだと思います。が、しかし、毎日一緒に暮らしているお母さんとしてみれば、それはそれで、ごく自然な本音だったと思います。障碍を持っていようが、そうでなかろうが母子が相手にそそぐ愛の気持ちは変わらないことだけは確かです。お母さんはこれから先も大変でしょうが、そんな中でも日々小さな幸せを喜び、息子さんと心をかよわせていって欲しいです。これに類似したお話は、養護学校に勤務していた頃、他のお母様方から多々聞いておりましたから、この〝ポケモン博士くん〟のお母さんも同様の心中ではないかと思ってしまいました。何度か、お母さんとお話を交すうちに、やはり「うっとうしさ」を感じていらっしゃるのが見て取れました。となると、毎回一生懸命に〝ポケモン解説〟を聞くばあば先生は、彼にとっては、恰好の相手なのです。ばあば先生は過去に、彼のような生徒と好んで関わっていましたから、訓練の域を越え熟練していましたし、それは自然体でできていました。まして、園児は私にとっては、孫の年齢です。可愛くてたまりません。時々彼は〝しりとり〟をしたいと言い順に続けましたが、敵ながらアッパレで毎回私の負けでした。家族の話もたくさんしてくれ、「ママは、モバゲーばかりやってるよ、パパは肩車をしてくれる♪」「お兄ちゃんと相撲する、けんかもする」等しゃべり続けます。ＦＰＢを行っている時も、ずっとしゃべり続けています。毎回ハサミが登場しドキッとしました。内面で大きなストレスを抱えているのが、よくあらわれているパーツも登場します。ストーブと扇風機の同時使用、時計二個、大木の位置、金魚鉢、誰もいない食卓、幸いなことにFPBで遊べば、毎回心の浄化は援助できます。治療効果があらわれれば、プレイを終了し、「エクサパズル、しりとり、得意なポケモンの大演説」をします。

FPBを行った彼の一番の気にかかったことは、ボード上に動物が全く登場していなかったり、二枚のボード上にブタ（怒った顔をしている）のみだったことがあります。当初行った時は、四人の動物（擬人化）が登場していましたから、徐々に心の変化があり、不快な感情を無意識に押さえ込んでいると思われました。いいたいことを一方的に話し、会話のすれ違いを感じ取っているのかもしれません。わがまゝな子と見られることもあるでしょう。

誰だって、一人ひとり違う個性を持って生まれています。それぞれの個性を見極め、その子どもに寄りそうような接し方を、対応をしていくことが大切です。私からも、保育のプロである先生方全員にお願いしたいことでもあります。

ばあば先生、私のお話をたくさん聴いてね

ＦＰＢ遊戯療法を行いに来るのは、圧倒的に男児が多いです。昔の人は「男の子は女の子に比べ体が弱く育ちにくい」とも言っていたと聞きました。しかも人が誕生した時は、全員女性で、その後わずかな染色体か何か定かではありませんが、細胞核の変化か分裂によって男性が誕生したと聞いたことがあります。だからニュー・ハーフも多いのだと……なるほどと、その時は妙に納得したものです。実際、私が養護学校に勤務していた頃もクラスの大半は男の子でした。男の子の方が体が弱いという説と関連があるのでしょうか。昔の人のおっしゃる〝諺〟は本当に的を得ていると思いますから、あながち〝ウソでしょう〟とも言えませんね、生命誕生の不思議。

さて、年中の女の子がプレイにやってきました。最初のプレイが始まっても沈黙の時が流れ、緊張感が漂っています。「あぁ～、何か不安材料があるんだろうな」と思いながら私は、彼女の隣りに座り、しばらくプレーをするのを見ていました。すると、少しずつ話をしてくれるようになりました。一番好きなお友達の名前を自分から言い、家では一人で

〝ぬり絵〟をして遊んでいるとも話してくれました。私は、「ママのお料理で好きな物はなあに？」と聞きますと、しばらくして「トマト……」と答えてくれました。食べ物は重視するところですから、母子関係を垣間見たような気持ちになりました。思いすごしでなければいいのだけれども、とも思いました。

プレイの回を重ねるごとに、自ら話してくれるようになり、緊張感もうすれてゆきました。「マンションの八階に住んでいる。地震の時も恐くなかった」食べ物は相変わらず料理名ではなく「好きな物はブルーベリー、いちご」という。「ツリーハウス（園庭にある）で遊びたいけど一緒にやってくれる人がいない……」「ピーマン嫌い、先生好き？」と聞いたので「大人になってから食べられるようになったよ、でも緑のお野菜はほうれん草を食べているから」と答えると「ほうれん草ってなあに？」と言っていました。増えてきた会話の中で、「ママは怒る!!」と言いました。この言葉は、緊張を起す、不安材料の核心部分をついているように私には聞こえました。そして、この女の子は、プレイするより、お話をたくさん聴いて欲しいんだなぁ、自分のことを、もっと知って解って欲しいんだなぁと思いました。おしゃべりに慣れてくると本来の子どもらしい姿になり、素直な気持ちが伝わってくるようになりました。一番嬉しかった言葉は、「担任の先生が大好き」だと言ったことです。後日、担任の先生がお母さんのことを話されました。どうやら〝ウツ病〟のようでご自分のことだけでいっぱいいっぱいのご様子とのこと、その様な環境であれば、子どもは不安になるでしょうし、感受性も乏しく、感情面での空虚さがあり、対人関係では相手に共感できにくくなることでしょう。彼女もやはり友達づくりの前に、信頼関係が築ける大人が出来ることの方が先決だと思いました。「幸いなことに彼女は担任の先生のことが大好きと言っていますので、一年をかけクラスで彼女が自信を持てるような環境づくりができるといいですね。そうすれば、自ずと友達もできるでしょうから」等、先生と話しました。「お家で一人でぬり絵で遊んでいる」というので、園にぬり絵を持ってきていただきたいと連絡帳に書いたのだけど、持たせてくれませんと、先生がおっしゃったので、「それなら園にある物を印刷すれば、お母さんの負担にならないと思いますよ」と答えました。女の子の好きな事をとっかかりにして、意志の疎通が出来るようにと、考えられたようです。好きな事をして遊ぶと、大人も子どもも心は穏やかに安定しますね。そういう意味でも好きな事が二つ三つあるともっと楽しくなると思います。この女の子のＦＰＢの特徴的なことは、母子関係の欠乏が見られました。水は羊水で安全地帯、砂は湿ると柔らかくなる、母子のぬくもりの温かさ。愛着を示す、水場と砂場付近に動物がいなかったり、そばにポツンと一人で立っている姿は、自分のことをよく見てくれない、内面で寂しい思い、それはすべてではありませんが、ウィークポイントです。かつて私は、箱庭療法の実践をさせていただいたことがあります。その時、私は〝おじぞうさん〟がとても気に掛かりましたので、指導して下さっている先生にお聞きしました。すると先生は「何か救いを求めているのではないの」とおっしゃいました。私はそれまでも色々な心の診断テストを行ってきましたが、どのテストでも自分の養育歴をたどり出したような気持ちになったものでした。私は、母子家庭で祖母に育てられました。母親は一家の主人のごとく仕事に専念していましたから、普通の母子関係というものを知らずに育ちました。私の母親はおばあちゃんでした。現代では、母子家庭は珍しくありませんが、私の育った頃、周りにはあまりいませんでした。私も、この女の子と同様に、緊張と不安の多い子どもでした。一人遊びというところも同じです。大好きな担任の先生を糧にして、自信をつけ大きく成長していって欲しいと願っています。

ボードの上はぼくの心の中と同じだよ

同じクラスのお友達がプレイをしているのを見て何度も〳〵「ぼくもやりたい!!」と私にせがんでいた年少の男の子のお話です。三～五歳は刺激的変化のとき、色々なサインを出しています。

彼は、二〇分間位で、全部のピースを使用しランダムにボード上に置いてゆきます。お友達がプレイをしている時は、何度も部屋に来ては「まだ終わらないの?」と聞いていましたから、相当ストレスが溜っているのかなと思いました。実際プレイをしてみるとボード上は「ゴチャゴチャ」と言った表現が適切かなと思いました。重なっているピースも多く、物語が感じとれません。発達障碍児はピースが重なることが多く、その事例もいくつかありました。しかし彼は、まだ三歳児ですので、ピースの重なりは納得の範囲かなと思いました。多動のお子さんもプレイすることで五歳ぐらいで解消されることもあります。

プレイしている時はよくおしゃべりをしながら行いました。特徴的なこととしては大木をボード上の中央に置いたこと又、水場に次々と色々な物を投げ込れたりハサミでTシャツを「チョキチョキ」と言いながら切ったり、掃除機、洗濯機の使用がありました。おしゃべりの中でこの男の子の家庭内を垣間見るような発言もあり、「おかあさんがお花にお水をやってる」「お母さん、お化粧している」と話してくれました。しかし、「冷蔵庫、これも捨てる…」、アイロンを水場に入れた後、カマクラドームに入れ「捨てられちゃった」「怖いから」と電気スタンドを持つ。イス、本、とび箱も次々「捨てられちゃった!!」と水場に投げ入れました。

プレイ中は、とにかくよくしゃべり、私の言葉かけも耳に入りません。一対一対応で接していても聞く姿勢がもてず、自分の世界にすっぽりと入ってしまいます。しかし、それほど夢中になってプレイできるのは、素晴らしいことだと私は思いました。次々にパーツを置きながら「随分いっぱいになっちゃった」と言い、すぐに「もう一回やる」と催促します。おそらく、この男の子のなりの物語は、作られているのでしょう。

乱雑ではありますが、食卓には食べ物、テーブルの周りには椅子があります。しかし冷蔵庫は横向き、Tシャツの上に掃除機、公園に本箱を置いていたりしているのは、この男の子の心の中がまだ整理できていないことをあらわしているようでした。正反対に、強迫神経症ではないかと思うほど、ピースを几帳面に比べてプレイする子どもも、僅かですがいました。再度プレイをしたくなる子ども達は例外なく内面にストレスを持っています。この男の子も、プレイですっきりし、無意識に又、プレイをしたくなるパターンです。三学期になり、それまで我ままだった子どもがすっかり落ち着き、成長がみられた頃には、ＦＰＢを「やりたい‼」と言わなくなります。他の園児がプレイをしているのをチラッと見ても、あの時の関心はなんだったのでしょうと言う位興味のない顔をしています。このような時は、ＦＰＢの威力を感じます。三歳ぐらいですと、個人差はありますが、「他者認知」がまだできていません。動物の大人、子どもの区別もしていないし、まして動物の表情は全く関係なくこだわってもいません。ですからストーリーもわからないし、生まれないのでしょう。毎日、一緒に生活していると、親御さんは、傍にいるだけに子どもの色々なサインが解らずみのがしがちになります。三〜五歳の時の反応は、思春期前半に同じような形であらわれると言われています。子どもの心の中を知るには、絵を描かせてもみえてきます。しかし、このＦＰＢを行うと、本当に色々なサインが顕著にみられます。衝動的、攻撃的、母子関係の欠乏、虐待、障碍、満たされていない、たくさんの心の深層サインです。

今まで、ＦＰＢを行ったほとんどの子ども達は〝楽しそうに〟行えました。その他の子どもは、楽しいというより〝真剣〟に取り組み、終了後は、うっせきした感情から解放されたような、浄化作用が必ずみられました。この男の子の場合、「また、やる」と言えば「何度でも遊びにおいで」、その内物語ができるようになって、遊び納めの時がくるからと思ったものでした。

みんな、みんな、体が大人になった時、心も一緒に大人になっていてね。祈っているからね。

〈推せん図書〉アスペルガー症候群のすべてがわかる本・アスペルガー症候群の子どもを育てる本・自閉症のためのＴＥＡＣＣＨハンドブック・自閉症のための絵で見る構造化・育てにくいと感じたときに読む本・いずれも佐々木正美著

よい子はよい大人になるか　奥村晋著

V

ファンタジー・プレイ・ボード
幼稚園での実践を終えて

三ッ子の魂百まで

園長先生をはじめクラス担任、フリーの先生方の温かいご協力のもと、当初自分が思っていた以上に多くの園児と一緒にＦＰＢを実践させていただくことができ、有り難かったです。今、こうして振り返って思うにつけ、当り前のことではありますが、養育歴の真の大切さを考えずにはいられません。〝三つ子の魂百まで〟は過言ではなく、本当にその通りだと強く思うばかりです。この世に生まれてから幼児までの養育歴を各々が一生背負いながら生きているのです。現に以前二〇～六〇代の職業もまちまちの大人達が（共通なことは、みんな心理学を学んでいる）実際にプレイした後、ＦＰＢガイドブックを用い表現からの分析の結果をみても解ったことがあります。又、みなさんの発想の中に「自分のは客観視できないが人のは解る」「自分は好きなところに置くんだね、当ってる（分析結果）」「普段の日常が出た、過去も現在も」「自分を色んな人物に混ぜている、無意識」「一つひとつのパーツに対して見方が違う、ここまではっきりと具体的に人によって違う」「自分の気持ちが、みなさんが分析したことが、表に出た、貴重な体験、無意識にパーツを選んでいる自分がいた」「人のことは解らなかったが、自分は味わえた」「みなさんが分析したのが面白かった、自分は最後まで何をしているのか分らなかった、分析してもらって自分のことが良く解った」「パーツ六二枚、自分のいるもの、いらないものを勝手に決めつけていた」「現実ではない願望をだせて、すっきりした、子どもに浄化作用があると思ったが、自分でもあった、自分が置きたい場所があった」「願望を念頭においてやった」等々、元来幼児対象のＦＰＢを大人が行ったので「難しい、やりにくい」と言った言葉も聞かれましたが、なんだかんだ言いながらも時間オーバーでみんな楽しんで下さいました。大人がプレイしても、心の解放と浄化ができたことは、明らかでした。又、当日のＦＰＢ保有者を含め、プレイ終了後、ＦＰＢ購入を申し込んで下さった参加者の方々は、遊戯療法であるＦＰＢの効力を認めて下さった証だと思いました。プレイして、大人だからこそ、ＦＰＢ上に己の養育歴がうつし出されたことに納得できました。

無意識行動

人は一日の行動の中ほとんどが（九〇～九五％以上）、無意識行動をしていると言われています。このFPBを行うに於ても、大人や（私も含め）、園児のパーツの置き方は、一見、意識してプレイしているようでも、結局は無意識（深層心理）にパーツを置いていることが事例を践《ふ》む毎に、確信となりました。さすがに、箱庭療法（ユング心理学中心・治療が目的で、病院臨床、非行臨床、教育の場で行われている）の治療理論をベースにして開発されたものだと感心したと同時に、この無意識のベースは、幼児期までの間に構築された自身を無意識になぞっているのです。

毎年国の調査によりますと、DV、児童虐待、近隣トラブルは、大変な勢いで増え続けています。社会的背景が否めないですが、心が痛みます。今までずっと自分の親に、自分の欠点丸抱えで愛してもらえなかった、むしろ、欠点ばかり責められ、親の意見に従わなかったり逆らおうものなら暴力を受けることもあった。他に、飲酒依存や貧困からくるもの、あるいは義父母、祖父母、きょうだい等から暴力を受け続けている事例も少なくありません。人は誰だって愛されたいと願うものです。しかし中には劣悪な環境下で誕生し、ごくごく普通の家庭すら知らずに育ってくる不幸な子ども達もいます。言葉による暴力、ネグレクトに於ても子どもの多くは、誰にも言えず、思春期を迎えた頃、あるいは大人になって様々なかたちとなって、その心の傷はあらわれてきます。特に心身をむしばむ〝生き方の病〟の依存症が深刻です。「アメリカインディアンの教え」の様に「子どもたちはこうして生きかたを学びます」。要するに「育てたように子は育つ」という内容が詩として出版されています。親がいくら口で言わしめても無理で、子どもは親の背中（行動）を日々見ながら育ちます。賢い子どもの中には、親の言動を冷静に見て育ち、反面教師となり、大人になってから自分の子育を大切に子どもの望むような愛をそそぎますが、大かたの凡人は、自分が育てられたような育て方を我が子にも無意識にしてしまいます。世代間連鎖が繰り返されているのです。

アダルトマザーチルドレンの悲劇も近年公然と話されるようになりました。お母さんの機嫌が悪くなるからとか怒られるのが嫌で、お母さんの顔色を見ながら言い成りになる、父母の仲が悪い、母親と子どもが（特に娘）お互いに依存（共依存）関係にある、母親が不安症、過干渉的が要因な子どもも多くいます。人に頼ることでその人をコントロールしようとします（時として母親にべったりの子どもなのに母親を自分の思う通りにしないと気がすまない子どもも含まれます）。こういう関係は見方によれば、お互いにしがみついたり、しがみつかれたりしながら相手を思い通りにしようとお互いに束縛しあう関係ともいえます。この傾向を持つ人の人間関係では、さまざまな病理的な現象が現れるのは避けられません。親と子が互いにしばり合い、恐れや憎しみの中から抜け出せない関係の中での、子どもの自傷行為や反社会的行動。娘が結婚しても、母親は新婚生活を逐一報告させる。又、社会人となり、会社でいじめに遭うと、友達や上司にではなく、母親にしかそれを話せない。あげくの果てには、母親の死後、幼い我が子を残したまゝ母親の後を追い自らの命をたってしまうことすらあるのです。

石原慎太郎氏は、著書「新・堕落論」の中に日本の子ども達のことを「一番豊かで、一番あわれな子供たち」と書いておられます。物質面で豊かになると、心が壊れてゆく象徴が今の日本なのです。

子どもの本音に向き合うこと

他者との関わりの中で、屈辱に耐えたり、集団の中で自分を抑え、〝和して流れず〟であったり、寄らば大樹の会社の中で部下が許容応力を持ち、上の者を敬い協力し、意見は述べるが従うべきところを誤らない、こういった風潮は、一九九八年バブルの崩壊の頃まではは、少なくともまだ残っていたと思います。現在の政界ですら今の日本を象徴しているがごとく、トップを敬うどころか、同党の分裂すらもはや珍しくもありません。家庭たりとて、同様で、親の威厳はもはや死語に近いものと感じられます。親は自分のプライドを捨てても、子どものプライドは守って欲しいものです。幼い時から、子どもの言葉に耳を傾け「～しなさい、～しなければいけない!!」ではなく、「ぼくは、こうしたい、私はこうしたい」という、子どもの本音に日頃から向き合ってゆけばいいのです。

アメリカで心理カウンセラーを取得された日本メンタルヘルス協会代表衛藤信之先生が、お教え下さった事柄の中で、是非日本の親御さん達に実践していただきたい素晴らしい事柄があります。先生はある事例を話されました。それは親御さんが本を読んでいる傍で、子どもが音量高くラジオを聴いている時の会話です。一般的な日本の家庭でしたら、「うるさいから、あっちの部屋に行って聴くか止めて」が多いと思います。しかしアメリカの親御さんは、「今、パパは本を読んでいて、そのラジオの音が大きいので、集中して本を読むことが出来なくて困っている」と、そう言った内容だったと思います。要は、子どもに向かって「○○しなさい」ではなく、「パパ（私は）は○○で困っている」そう言えば、子どもは、「あ〜、パパは、ラジオの音が大きくて、本が読みづらいんだ、だったら音を小さくするか自分の部屋に行って聴こう」という気持ちが生れます。しかし日本の場合はどうでしょう「止めなさい、○○しなさい」ではついつい反抗的になったり、親の言うことなど聞く耳を持たなくなってくることがほとんどの子ども達の姿でしょう。もちろん、私も例外なくそのような育ちをしました。明治、大正生れの親たちは、確かに高圧的な態度をとる者が多かったです。

しかし当時は、きょうだいの人数も多く、母親は家事労働で一日の大半をやり繰りしていたので、現在のように一人か二人の子どもに、四六時中目をやることなど無理でした。そして子ども達はたとえ親に叱られても、祖父母や、近所のおばちゃん達が慰めてくれたものです。何より子ども自体も母親が家族の為に一生懸命家事労働をしてくれていることを十分理解していましたから、そういう意味では、母親と子どもの距離感は程よいものだったのでしょう。

今、貧しい時代もバブルの時代も知らない子ども達の社会に移行しつつあります。不正に生活保護費を受給したり、給食費を全く支払わない親御さんも増加の一途で、その未納額はとうに二六億円、奨学金未返済は二、六六〇億、医療費未払いは一三六億円にまで達しています。それでいて、哀れなほど「金の亡者拝金主義」が増加の一途をたどっています。「お金さえあれば」煩わしい人間関係も持たなくてもいいし、「お金さえあれば」大抵のことが叶う、「人の心だってある程度お金で買える」と本気で口にする人さえ出てきました。「お金さえあれば」本気で自分は幸せになれると思っているのでしょうね。日本も経済的格差が年々拡大しています。

お金は、魔物とも言います。お金をたくさん、たくさん数えた後は、手が臭い匂いを放つと銀行員の方が言ってらっしゃるそうです。そう、お金は色んな意味で臭い物なのです。

子どもの資質によって、親子関係も違ってくるでしょうが、小学校の中学年くらいまでの間は、出来うる限り、家で子どもの帰宅を待っていてやりたいと私個人は思います。そう自分が出来なかったからいっそう思うのです。

「ただいまぁ～!!」の子どもの声を聞くだけでも、「今日は、元気だなぁ!!」「今日は沈んだ声だなぁ～、何かあったのかしら?」「いつもと変りなし」と心が見えてくるものです。家庭での男女の役割を口にするのは今の時代偏見だと言われるでしょう。でもでも、家の中で、お母さんが、家族の為に働いてくれている、それもいやいやでなく、楽しそうにです。みんなの好物を順にお料理したり、きれいにお掃除や洗濯、布団干しをします。私の親友は、毎日〳〵家事を生き生き楽しそうにやっています。そんな友人の傍にいるとなんだか幸せな気持ちになります。お手伝いをしたくなり、一緒にさせてもらったりします。そんな時「ティータイム」が訪れます。家事のあい間のホットタイムです。お互いフルタイムで働いていた時には考えられなかった〝心のゆとり〟の時です。

年々、お母さんの社会参加は著しく増加しています。出産の為、育児の為に上手に休暇をとりながら、仕事に復帰される方も多くなりました。私が勤務させていただいた幼稚園は、園児の約五分の一位が延長保育されています。その中で、とても驚くような話を聞きました。以前にも他で同様の話を聞いたことはありましたが、本当にあるんだと思い知りました。ある園児のお母さんは、延長保育で園にあずかってもらっている（お母さんとしてみればお金を支払ってる感ありでしょうか）我が子の迎えより先に、仕事から帰るとまず愛犬の散歩をされるそうです。その姿を他の園児のお母さん方が目撃していて、その園児の担任の先生にその事を知らせました。後日機会をみて担任の先生は、言葉に心を配りながら、「犬の散歩よりお子さんを先にお迎えに来て欲しい」と話しました。すると、どうでしょう、この様な言葉が返ってきたそうです。「子どもは言う事を聞かないけど（が正常）、犬は言う事を聞くので犬の方が可愛いい」とおっしゃったそうです（言うことを聞かない子どもは、お母さん、貴女が育てていらっしゃるのですよ、そのことわかってらっしゃいますよね）。この話は、子ども達の〝まゝごと遊び〟の中にも顕著にあらわれてきました。かつて、子ども達がこぞって一番やりたがった〝お母さん役〟は〝愛犬役〟にうって変っています。理由として、「犬が家の中で一番かわいがられている」からだと子ども達はわかっているからです。かつては一番だった〝お母さん役〟は、口うるさいから嫌なのだそうです。気がつけば、私の近所でも外犬を飼う家庭は、全くなくなり、逆に室内犬を、しかも複数で服を着せたりして飼う人達が多くみられるようになりました。もはや犬は、家の番犬ではなく〝家族の癒し犬〟と化してしまっているようです。それだけ、多くの人々はストレスを抱え、不安やさみしさの中で生きているのでしょうか。

大切な心のバランス、対人依存、自己コントロールの欠落

社会だけでなく、地域や家庭でも人間関係のつながりが希薄になってきており、生きづ

らさを感じて、自ら命を絶つ人を救うことが困難になりました。日本での年間自殺数は三万人以上と言われていますが、実際のところそれより多いのが現状だそうです。かつて私が若い頃の会社の上司も自殺されましたが、表向きには心臓発作と公表されました。処々の事情があってのことに他なりません。家族でさえ、知り得ない生活が家庭外にあったり、悩んでいても話さないとなれば、誰も責めることはできません。家庭にやすらぎを求められなければ必然として他にすがりたくなるのも解ります。それがアルコールや薬物、過食等の物質依存で肉体的快楽や刺激を得たり、仕事、ギャンブル、買い物、インターネット、ケータイメール、セックス、リストカットをすることで「〇〇していれば幸せ」とこれらの行為をすることで興奮や刺激を求め、のめり込んでゆきます。どれも厄介で家族や周りの者に迷惑を掛けますが、今、一番急増しているのは「対人依存」でしょう。人への依存のことです。ＤＶ、児童虐待、パトロン、教祖、世話型等、ゆがんだ人間関係で相手を支配、束縛したり、逆に相手にしがみついたりすることによって人との繋がりを求めます。これらの共通していることは、自己コントロール（自律）の欠落に他なりません。

自主・自律は幼児期に

自立も自律も望ましい順序であれば、幼児期迄に確立しているものです。大人になっても自己コントロールが出来ないのであれば、その人自身が幼児期親に十分依存できなかったからです。子どもは、依存と反抗を繰り返しながら健全に育ってゆきます。幼く親の保護が必要な時期に満ち足りた依存ができなかったとなれば、その様な人達が大人になり、大きなストレスを抱えた時、その心のバランスをとるかの様に様々な依存症に陥ってしまうのです。本当に誰も悪くないと私は思います。親に全責任を負わせるのでは情けなさすぎます。じゃあ、周りにいた、おじいちゃん、おばあちゃん、親せきの人達、近所の人達、友達…は、親御さんが困っている時に心や手をかし、優しい励ましの言葉かけをしましたか。そうできなかった人達も依存が足りずに育った方々でしょうか。誰かにではなく、責任は我々一人ひとりにあると私は思わずにはいられません。

心に問題を抱えている園児の一人ひとりと接していると、子どもを通し、そのご家庭が見えてきます。親が思っている以上に子どもは親を見ているものです。お家騒動だって、どんなに幼い子どもも見抜いています。女の子は母親そっくりの口調で会話すると言われますが、ヒステリー（自己コントロールできない）だって母親から学ぶと言われています。

日頃、お母さんが意識して少し口角を上げれば、笑みの顔に変身します。人間って不思議ですよ。笑みが浮べば心は優しく楽しくなり、体も元気になってゆきます。本当に心と体は同一体、分けられない関係だということがわかります。かつての私は、ポーカー・フェイスでした（寂しい養育歴）。年を重ねた今、少しは緩和されましたが、一番簡単な手立てとしては〝楽しそうにしている人〟の傍にいくことです。それだけで自分まで楽しくなってくるものです。ですから、人の悪口や嘘ばかり言ってお茶を飲んでいる人達には、近づきたくなくなります。中でも、弱者をターゲットにいじめる人は気の毒で哀れに思えてなりません。いじめる人は、決して自分より強い人には矛先を向けません。子ども心にも相当プライドを傷つけられるような育て方をされて、卑屈精神を植え付けられたのでしょう。そして自分が受けた心の傷をとり除くように、弱者をいじめる。いじめた直後はきっとスッキリするのでしょうね。でも心のどこかで多少の罪悪感は誰でもあると信じたいです。いじめる人は、実際はナイーブだから傷ついているんですね。無意識の自己の中に、コンプレックス、しっと、抑圧経験等があることを、自分で知ることは難しいことでしょう。「本当の自分を知ると、他人を見ているような気持ちになる」と言われています。

ユングの人格理論に従えば、自己そのものは、無意識の中心にあるのであるから、これをみずから知ることは困難であり、自己理解には自己象徴的表現（夢・イメージ）などをとおしてその働きを意識化することが重要であるとするのであると言われています。「あの人は、ああいう人だ」とその人の周りの者達が見解するのは概ね当っていることが多いです。他者ゆえに客観的に洞察できるからだと思います。

幼児期の母子関係がうまく築けないと、温かく癒してくれる母親のイメージを持てないまゝ大人になってしまいます。そして、成長してゆく中で心に大きな不安や緊張が生まれます。その寂しさを埋めようとする様々な行為は、園児にもいちじるしくあらわれます。純粋ゆえ、あらわになるのでしょう。「親が変わると子は変わる」のは事実だと思いますが、現在のように、先生と親御さん（問題のあるお子さんの）との信頼関係を構築するのが難しくなってきた今、登園している間だけでも、今目の前にいる「この子」だけでも、癒してゆきたいと、毎回心して子ども達と向き合いました。

ピュアな子どもたち

幼い子ども達と、一対一対応で向き合うことは未経験に近いことでしたが、ピュアな子ども達に関して言えば、養護学校で出逢った生徒達もとても純粋でした。純粋な子ども達には、私の心の中を透かして見えているようでした。私の方に少しでもバリアが見えると決して心を開いてはくれません。幼い子どもは、動物的本能がとても優れているのでしょうか、私が素直に純粋に寄り添うことで、子ども達も私を受け入れてくれるのがよく解りました。

ばあば先生と呼ばれて

園児の祖父母さんは、私と年齢が近いので、私は子ども達の前で、〃はじめまして、ばあば先生です。よろしくね〃と自己紹介をしました。「ばあば」はとても呼びやすかったようです。何しろ幼稚園は、キラキラ輝く二〇代の先生がほとんどですから、ばあばの存在は、希少価値です。養護学校勤務時代、間違って生徒から、「先生」でなく「ママとかお母さん」と呼ばれ、とても嬉しかったことを想い出したほど「ばあば先生」は、心地良く響く名称でした。園でも、かつて養護学校勤務で体得したことがとても役に立ちました。初めて、その子どもと向き合う時は、その子どもが何に興味を持っているか知ることから始まります。そして、その興味のあるものがわかると、その話題にふれます。本当に、あっという間に仲良しになれます。徐々に慣れてくると、遠慮はなくなり、少しずつ心の中を見せてくれるようになってきます。時には「ばあば先生、怒らない？」と何か言う前に私を試すような態度をとったりする子どももいました。そうなると、本当に可愛いいですよ。まるで、どの子ども達も自分の孫のような気持ちになってしまいます。

ＦＰＢの威力、癒しの世界へ

「愛すること」の素晴らしさは、子ども達にも、深く伝わってゆきます。信頼関係が出来ると、私が話すこともきちんと聞いてくれるようになりますから幸せ度も増してゆきました。次第に私の登園日を心待ちにしてくれる園児もいて、このＦＰＢの威力を実感し、それは感動へとなりました。ばあば先生とＦＰＢやエクサパズル（ＦＰＢ同様、奥村晋先生が開発されました）を行うと、「ぼくも、私も何だか、スッキリするんだなぁ〜」と、まあ子ども達は、そんな気持になっていったのでしょう。「毎回やりたい」と願う子どもも出て来ました。多くの事例を重ねることで、子ども達ともよりよい関わり方を、私自身も学べ、短期間でも、子ども達の心が晴れてゆくのをしっかりと見ることができました。それはＦＰＢを行った全員の子ども達と言っても過言ではありません。それほど、素晴らしい癒しの世界で、子ども達は、それぞれ抱えている悲しみを自ら浄化できたのです。この素晴らしい癒しの遊具を、幼稚園という現場で履行させて下さいました園長先生に、心よりお礼を申し上げます。園長先生は、既に一〇年以上前に、ＦＰＢインストラクターを取得されています。卒園生の中に、以前ネグレクト状態の姉妹が通園していて、姉の方が毎日FPBを行いたいと園長に要求したという話も聞いておりました。その子は、毎日パーツとパーツを引っかけ飛ばすと、スッキリした表情になったそうです。園長先生ご自身の体験があったればこそ、園児とプレイすることが実現できました。

最後に、FPBの開発者で私の恩師、奥村晋先生に、当初FPBの診断が解らなくなる度に指導していただきました。先生は「事例をたくさん踏むと自ずと解ってくる」と言って下さり、常に温かく見守って下さいました。今後も、依頼や機会があればFPBで心理的に問題を抱えている子ども達の心を癒してゆきたいと思います。そして、子ども達の笑顔がどれほど私の癒しになっているか感謝しながら。

ひまわりっこくらぶ（仮称）―子どもには遊びの仲間を、親には子育ての仲間を―

このクラブは二〇〇九年「子どもが育てにくい、育児がうまくいかない」と思っていらっしゃるお母さん方の為に発足しました。

これより前、友人の幼稚園園長から新学期に「集団の中では、落ち着くことができない」という男の子が入園したので手伝って欲しいと頼まれたのがきっかけでした。この男の子は、軽度の発達障碍で、集団の中では目立ってしまう子どもでした。その後、私が幼稚園で障碍児と関わっていると知った、以前からの知り合いで、やはり発達障碍児をお持ちのお母さんからの強いお願いで実現しました。このお母さんのお子さんが以前幼稚園に通っていた時、当園の主任が、「育てにくい子ども」をお持ちのお母様方の為に集う会を開いて下さったそうです。現在このお子さんは高校生になりました。毎月から、数ヶ月毎、年一度と不定期ながら当時からのお母様方が集まり、現在も食事やお茶をいただきながら近況報告をされているとのことです。

私は早速、このお話を園長に伝え、園の一室をお借りして、同じ悩みを持ち子育てをしていらっしゃるお母様方の為に集う会を作りたいとお願いしました。園長は快諾して下さり、それに該当する通園中の子どものお母さん方には、園長が直接言葉かけをして下さいました。そしてそのお母さん方は、就園前に通っていた地域の同じ様な支援機関で知り合った友達を誘って下さって、初回は、十数名のお母さん方が集まってくれました。幼い下の子ども連れの方も何名かいました。まず、決め事を話し合いました。月一回、一〇時～二時の間、集合時間の規制をなくし、午前中だけでも、午後から少しの間、あるいはお菓子やお弁当持参で気軽に集うこととしました。園で使用させていただく部屋の隣りには、積木、ブロック、ボール、ままごと等のおもちゃや、横浜市立図書館から貸していただいている、絵本や紙芝居、お母さんむけに料理本、育児本等、数百冊が揃っています。又、ベビーベットは元より、冬はホットカーペットを敷き丸テーブルの配慮もあり、赤ちゃんを連れて来ても安心です。子ども達はすぐに子ども同志で遊ぶようになり、お母さん方はその間、「子育ての悩み」をお互い話し、ストレスを解消したり、情報交換の場としています。

発足当初は、園の職員が同席していましたが、徐々にお母さん達の自主運営に移行しました。園長は時々仲間に入り、みなさん方の話を聞いたり、アドバイザーになっています。回を重ねる毎に、口コミでお友達の輪も広がりつつあります。発足後、しばらくして、メールでのネットワークを設立して下さった、世話人のお母さんのお陰で、会えない時も、辛い時、悲しい時も励ましの温かいメール交換が続いています。

又、子ども達が卒園した後も、くらぶのメンバー同志でランチをしたり、休日には、子ども連れで一緒に遊んだりしているようです。近頃では、子育ての悩みにとどまらず、親御さんの介護の問題も話されるようになり、同じ悩みを持つお母さん同志が本音で言い合える場が確実に構築されたようです。「大変なのは、うちだけではなかった、子育ては楽しくやらなきゃ？」と徐々に笑顔もみられるようになりました。ひまわりっこくらぶ（仮称）のネーミングも、お母さん達でつけました。素敵ですね。このクラブを発足し、私が一番良かったと思ったことは、先輩のお母さん方が、ご自分の子育ての経験を話されたことです。「辛くて、何度布団をかぶって泣いたことか…」「勇気を出して、地域の人に、こういう子どもを育ててるとカミングアウトしたのが良かった、一軒一軒言って周らなくても、それは、すぐにみなさんの知れることとなり、いざという時に力になってくれている」地域の人達に、自分の子どもの特性を知っていただくことが、一番の理解に繋がってゆきますが、ハイソのマンションにお住いのご家庭には、無理があるようで、とても残念です。

いずれにしても、同じ障碍をお持ちのお子さんを育てている、特に先輩のお母さん方の、迷子になった時のこと、スーパーでの品物へのこだわりのことなど、ご苦労の数々の具体的体験談こそがとても大切なのです。それぞれに辛いこと、不安に思っていることを話し、みんなが共感する、そして励ましの暖かい言葉かけをもらい希望の光を見るホットタイムなのです。

特別支援を必要とする、お子さんを育てていらっしゃるお母さん方が、このクラブを通し、問題解決をしたり、少しの時間でも心の癒しの場になるよう、これからも細く長く続いていってくれることを願っています。

末尾のしるし

人生、長く生きていると、本当に奇跡のような事柄も起ることがあるのですね。私は幼少期より、〝野の草花〟に囲まれ育ったせいか、大人になってもその魅力にいまだ引きつけられてやみません。我が家で愛読している新聞に週一回「イベントガイド」の紹介があります。ある日、そのガイド覧に〝野の草花〟の展覧会の案内が載っておりました。早速私は、鎌倉にあるそのギャラリーショップ「銀の鈴社」に足を運び、しばし描かれた清楚なまでの愛しい草花たちを堪能させていただきました。そして、そこは作家、阿見みどり先生との出逢いの場でもありました。

昨年「万葉野の花水彩画展」で、初めてみどり先生と、懇意にお話をさせていただく機会を持つことが出来、私が勤務しておりました幼稚園の子ども達の話題にまで広がりました。先生は突然私に向かって「今、話したことを本にしてみませんか？」とおっしゃいました。私にとっては大事件です。初めは、何がなんだかわかりませんでした。お話が進むにつれ、「銀の鈴社」は、「心に響く本の出版」を三世代に渡り運営されていることがわかりました。東日本大震災での、被災者が震災体験を方言に交えて詠み上げた句集『負けねっちゃ』を出版され、刊行記念展を開いたことも今年の四月に新聞で紹介されました。又、先生は今年第五十一回児童文化功労賞を日本児童文芸家協会より授与されました。歴代受賞者の中には、武者小路実篤や西條八十、江戸川乱歩、まど・みちお、水木しげる、やなせたかし……と、そうそうたる顔ぶれです。

そして、これまでにも、先生は、編集歴五〇余年の間に実に数多くの名誉ある文学賞を授与されました。その歴史の中には、川端康成、井上靖、菊池徹、草野心平、芳賀登、小林純一他、作家、詩人、アララギ復刻事業や挿絵等に携わった方々がいらっしゃいます。それら数え切れないほどの人々との深い心の交流が先生の〝柔らかで豊かな〟活動の源となっていると感動しております。

私にはとうてい書けるものでもないとお断りしますと、先生は「今話されたことをただ書き進めればいいです」とおっしゃいました。不思議なことに、その時、私の脳裏の中をよぎったのは、伯父さんの言葉でした。私は父の顔も声も匂いすらも全く覚えていません。父は私がまだ幼い頃、三四歳の若さで他界しました。そして、父は長い長い闘病生活をしていた時、ベットの上で、物書きをしていたと伯父から聞かされていました。どの様なジャンルの書き物かはわからないし、保存していないと言っていました。その時私は「読みたかったなぁ〜」と伯父に言ったのを思い出し、父の魂につかれるように、「書いてみます」とお答えしました。父への土産にもなりますね。すると、先生は、〆切を私が園を退職後の二ヶ月後に設定され、とんとん拍子にお話は進み、私は、何かに背を押されるように筆をとることとなりました。

恥ずかしながら乱筆乱文、誤字脱字はあろうとも、自分が一度書いたものを読み返すことは出来ませんでした。読み返せば、全てに於て、直したくなるだろうし、自分の拙い文章などとうてい提出出来なくなるだろうと思い、お約束の二ヶ月後に先生の手に、何も考えず、原稿をおあずけ致しました。

かくして、ここに私の本が誕生しました。それは一重に柴崎俊子先生（絵画のペンネーム、阿見みどり先生）の偉大なるご尽力によって出来あがりました。そして大好きな、みどり先生の挿絵が、私の処女作に命を吹き込んで下さいました。私にとって初めての経験にご助力下さいましたみどり先生に心より感謝を申し上げます。素晴らしい出逢いを本当にほんとうにありがとうございます。

―常に、今日、今、目の前に存在している人をひたすら大事にし、やるべきことをひたすら大事にやっていく―　心学研究家小林正観先生のお言葉です

二〇一二年五月三一日

西野　すみれ

西野すみれ

1944年岡山県生まれ。18歳で上京。

40歳を過ぎた頃より15年間、神奈川県立養護学校に勤務。障碍児との関わりの中で、たくさんの喜びをもらい、では私に何が出来るかと考えた時、即、心理学を学び始めておりました。

還暦を前に、健康は足づくりから始まると知り“元気な足のつくり方”を学び、フットカウンセラー養成講座アシスタントを経て、子育て協会で子育てカウンセラー講師となり、子育て中のお母さん方と勉強会を行う。そのつながりから、NPO 法人ファミリーコンサルタント協会に所属、子育て支援相談員、子育て講師、保育学校講師等に従事した後、地元横浜の幼稚園に勤務。遊戯療法ファンタジー・プレイ・ボード（FPB）を用い、孤立しがちな子ども達の心の理解、支援を実践してきた。

日本メンタルヘルス協会認定　公認心理カウンセラー
日本カウンセリング協会認定　心理カウンセラー
子育て協会認定　子育てカウンセラー
日本健足福祉協会認定　フットカウンセラー
NPO 法人ファミリーコンサルタント協会
　　ファミリーコンサルタントスーパーバイザー
NPO 法人ファミリーコンサルタント協会
　　ファンタジー・プレイボードインストラクター

NDC143
神奈川　銀の鈴社　2012
252頁　18.6cm（一度きりの人生を笑顔で生きる）

銀鈴叢書　ライフデザイン・シリーズ　2012年8月30日初版発行
本体1,500円十税

一度きりの人生を笑顔で生きる
——心理学を杖に障碍のある子らと——

著　者　西野すみれ©
発行者　柴崎聡・西野真由美
編集発行　㈱銀の鈴社　TEL 0467-61-1930　FAX 0467-61-1931
〒248-0005　鎌倉市雪ノ下3-8-33
http://www.ginsuzu.com
E-mail info@ginsuzu.com

ISBN978-4-87786-384-5 C0037
落丁・乱丁本はお取り替え致します

印　刷　電算印刷
製　本　渋谷文泉閣